délices au chocolat

Bon Appétit

JACQUELINE BELLEFONTAINE

p

Parragon Publishing
Queen Street House
4 Queen Street
Bath
BA1 1HE, UK

ISBN : 1-40540-470-1

Imprimé en Chine

Produit par Haldane Mason, Londres

Maquette : Ron Samuels
Directeur de la rédaction : Sydney Francis
Conseiller en rédaction : Christopher Fagg
Rédactrice en chef : Jo-Anne Cox
Rédactrice : Felicity Jackson
Conception : Digital Artworks Partnership Ltd
Photographie : St John Asprey
Spécialiste en économie domestique : Jacqueline Bellefontaine
Traduction : Atlas Translations, Cambridge, UK

Note
Il est considéré qu'une tasse correspond à 240 ml
et une cuillerée à soupe à 15 ml.
Il est sous-entendu que le lait est entier
et que les œufs sont moyens.

Les accessoires figurant aux pages 20-21, 30-31, 40-41, 68-69, 90-91, 156-157 et 212-213
ont été aimablement fournis par Divertimenti, 139 Fulham Road, London SW3.

Sommaire

Introduction

Le chocolat est un des luxes de l'existence, et l'un des rares que nous puissions tous nous offrir. Ce livre contient toutes les recettes qu'il vous faut pour apprécier ce luxe à n'importe quelle heure de la journée. Vous pourriez par exemple vous réveiller avec un pain au chocolat ou bien accompagner votre café de la matinée d'un délicieux biscuit au chocolat. Vous pourriez vous laisser tenter par un pudding chaud au chocolat au déjeuner, déguster une somptueuse part de gâteau au chocolat avec votre thé de l'après-midi, vous abandonner aux délices d'un riche dessert au chocolat après votre repas du soir, et terminer la journée avec un grog au chocolat chaud. Cela peut paraître quelque peu outrancier, même pour le fou de chocolat le plus invétéré, mais pourquoi ne vous laisseriez-vous pas tenter de temps à autre par une pure merveille au chocolat ? Allez, faites-vous ce petit plaisir !

Le chocolat est extrait des fèves du cacaoyer, originaire d'Amérique du Sud, mais cultivé maintenant en Afrique, aux Antilles et dans les régions tropicales d'Amérique et d'Extrême-Orient. Les fèves de cacao se présentent sous forme de grandes gousses ; après la cueillette, on fait fermenter ensemble, au soleil, la pulpe des gousses et les fèves proprement dites. La pulpe s'évapore, et la fève développe son parfum de chocolat. La peau extérieure est alors enlevée et les fèves sont laissées au soleil un peu plus longtemps, ou bien torréfiées. Pour finir, elles sont écossées et l'amande est utilisée dans la fabrication du cacao et du chocolat.

L'amande doit être moulue et traitée, afin de former un mélange épais, ou pâte, appelé "cacao", qui sert à juger la qualité du chocolat. Le cacao est ensuite pressé afin d'enlever une partie des graisses, le " beurre de cacao ", puis il est de nouveau traité pour obtenir ce produit que nous connaissons et adorons : le chocolat.

COMMENT CONSERVER LE CHOCOLAT

Conservez le chocolat dans un endroit frais et sec, à l'abri de la lumière et de la chaleur. En général, le chocolat peut être conservé pendant environ un an. Il peut être conservé au réfrigérateur, mais assurez-vous qu'il est bien enveloppé, car il pourrait prendre le goût des autres aliments. Les décorations en chocolat peuvent être conservées dans des boîtes hermétiques, en couches séparées par du papier cuisson. Le chocolat noir peut se conserver 4 semaines et le chocolat au lait ou blanc 2 semaines.

COMMENT FAIRE FONDRE LE CHOCOLAT

On ne doit pas faire fondre le chocolat directement sur le feu, sauf s'il est mélangé à d'autres ingrédients, et même dans ce cas-là, la température doit être très basse.

Cassez le chocolat en petits morceaux de taille égale et placez-les dans un récipient résistant à la chaleur. Placez au-dessus d'une casserole d'eau chaude en faisant attention à ce que le fond ne soit pas en contact avec l'eau. Quand le chocolat commence à fondre, remuez doucement et, si nécessaire, laissez-le encore un peu sur l'eau. Veillez à ce qu'aucune goutte d'eau ou de vapeur n'entre en contact avec le chocolat fondu, cela aurait pour effet de le solidifier.

Pour faire fondre le chocolat au micro-onde, cassez le chocolat en petits morceaux et mettez-le dans un plat pouvant aller au micro-onde. Le temps de cuisson dépendra de la quantité et du type de chocolat. À titre d'indication, faites fondre 125 g de chocolat noir sur Max. pendant 2 minutes et le chocolat blanc ou au lait pendant 2-3 minutes sur Moyen. Remuez le chocolat et laissez-le reposer quelques minutes, remuez à nouveau. Remettez-le au micro-onde 30 secondes de plus si nécessaire.

COMMENT FAIRE PRENDRE LE CHOCOLAT

La température optimum pour faire prendre le chocolat est 18°C, mais il peut aussi durcir (plus lentement) dans une pièce légèrement plus chaude. Si possible, faites prendre le chocolat pour décorations dans une pièce fraîche. Si on le laisse durcir dans le réfrigérateur, il peut se couvrir d'une mince pellicule blanche.

LES DIFFÉRENTES SORTES DE CHOCOLAT

Le chocolat noir *peut contenir entre 30% et 75% de cacao. Il a un goût légèrement sucré et il est de couleur foncé. C'est le chocolat qui s'utilise le plus en cuisine. Pour la cuisine de tous les jours et pour la majorité des recettes qui nécessitent du chocolat noir, choisissez-en un contenant environ 50% de cacao. Néanmoins, du chocolat à plus forte teneur en cacao donnera un goût plus riche, plus intense. Ce chocolat est souvent appelé chocolat de dégustation ou extra-fin, et a une teneur en cacao allant de 70 à 75%. De temps à autre, il est indispensable d'utiliser du chocolat de qualité supérieure ; nous l'avons précisé dans certaines recettes si c'est le cas.*

Le chocolat au lait, *comme son nom l'indique, contient du lait et a un agréable goût sucré, doux et crémeux. Il s'utilise davantage comme chocolat à croquer que pour la cuisine. Il a cependant sa place dans la cuisine au chocolat, surtout pour les décorations ou si l'on recherche un goût plus doux et crémeux. Il est plus sensible à la chaleur que le chocolat noir, il faut donc faire très attention quand on le fait fondre.*

Le chocolat blanc *a une plus faible teneur en beurre de cacao et en cacao. Il peut être très imprévisible quand on l'utilise en cuisine. Choisissez toujours un chocolat blanc à cuire extra-fin pour éviter les problèmes et prenez grand soin de ne pas trop le faire chauffer en le faisant fondre. Le chocolat blanc est utile pour contraster les couleurs, en particulier pour la décoration de gâteaux.*

La couverture. *Bien que ce soit là le chocolat préféré des professionnels (il garde un beau brillant une fois fondu et refroidi), il faut le faire tremper et il n'est disponible que chez les fournisseurs spécialisés, il n'a par conséquent pas été utilisé dans ce livre.*

Le chocolat à pâtisser *est un produit de qualité inférieure, qui n'est généralement pas utilisé par les véritables amateurs de chocolat. Il a cependant une plus forte teneur en matières grasses, ce qui le rend plus facile à travailler pour faire certaines décorations de gâteaux comme les copeaux ou les caraques. Si vous ne voulez pas trop compromettre le goût mais que vous avez des problèmes pour faire les décorations avec du chocolat pur, essayez d'ajouter quelques carrés de chocolat à pâtisser à un chocolat de qualité supérieure.*

Les pépites de chocolat *existent en chocolat noir, au lait et blanc, et sont utilisées pour la confection et la décoration des gâteaux.*

Le cacao en poudre *est la poudre qui reste après qu'on a pressé le beurre de cacao des fèves torréfiées et moulues. Son goût est amer et non sucré. Utilisé en cuisine, il donne un bon goût de chocolat fort.*

chocolat noir

chocolat au lait

chocolat blanc

pépites de chocolat

Gâteaux familiaux & Biscuits fourrés

Il est difficile de résister au plaisir d'un somptueux morceau de gâteau au chocolat et aucun livre consacré au chocolat ne serait complet sans une sélection de gâteaux familiaux et de biscuits fourrés. Vous en trouverez un grand choix dans ce chapitre. Vous pouvez vous offrir le plaisir de passer plusieurs heures dans la cuisine à confectionner tel biscuit fourré parfaitement extravagant, ou bien vous pouvez, en un clin d'œil, faire un gâteau pour le goûter, à vous de choisir. Les plus aventureux d'entre vous pourront varier les garnitures et la décoration suivant l'inspiration du moment.

Sinon, laissez-vous guider par nos instructions faciles à suivre, étape par étape, regardez nos luxueuses illustrations et vous réaliserez de parfaits chefs-d'œuvre. Les biscuits fourrés de ce livre trouveront parfaitement leur place sur votre table au moment du dessert : ils sont un plaisir pour les yeux et feront les délices de l'amateur de chocolat le plus invétéré. Les gâteaux familiaux sont l'idéal pour ceux à qui une part de gâteau au chocolat fait du bien à n'importe quelle heure de la journée, puisque nombre d'entre eux se réalisent avec une facilité surprenante. Aussi, la prochaine fois que vous aurez envie de vous laisser aller à déguster un gâteau au chocolat qui fond dans la bouche, ne cherchez pas plus loin !

Gâteau au chocolat et aux amandes

Dans ce délicieux gâteau, chocolat et amandes se marient parfaitement.
Attention ! Une part ne sera jamais assez !

Pour 8 à 10 personnes

INGRÉDIENTS

175 g de chocolat noir
175 g de beurre
125 g de sucre en poudre
4 œufs, blancs et jaunes séparés
1/4 cuil. à café de crème de tartre
50 g de farine avec poudre levante
  incorporée

125 g d'amandes en poudre
1 cuil. à café d'extrait d'amandes

NAPPAGE
125 g de chocolat au lait
25 g de beurre
4 cuil. soupe de crème fraîche épaisse

POUR DÉCORER
25 g d'amandes effilées grillées
25 g de chocolat noir fondu

1 Beurrez légèrement et tapissez le fond d'un moule rond à bords amovibles de 23 cm. Mettez le chocolat cassé en petits morceaux dans une petite casserole avec le beurre. Faites chauffer doucement en remuant, jusqu'à ce que les ingrédients soient fondus et bien mélangés.

2 Dans une terrine, travaillez 100 g de sucre en poudre et les jaunes d'œuf jusqu'à ce que le mélange soit crémeux et blanchâtre. Ajoutez le chocolat fondu et mélangez soigneusement.

3 Tamisez ensemble la crème de tartre et la farine, incorporez délicatement à la préparation avec la poudre d'amandes et l'extrait d'amandes.

4 Dans une terrine, battez les blancs d'œuf en neige ferme. Ajoutez le reste du sucre et fouettez à la main 2 minutes environ, ou au batteur électrique 45 à 60 secondes, le mélange doit être épais et brillant. Incorporez les blancs d'œuf à la préparation au chocolat et versez dans le moule. Faites cuire 40 minutes à four préchauffé à 190°C/ th. 5, ou jusqu'à ce

que le gâteau soit souple au toucher. Laissez refroidir.

5 Faites chauffer les ingrédients pour le nappage dans un récipient placé au-dessus d'une casserole d'eau chaude. Retirez du feu et battez pendant 2 minutes. Laissez refroidir 30 minutes. Placez le gâteau sur un plat et étalez le nappage. Parsemez d'amandes et versez un filet de chocolat fondu. Laissez reposer deux heures avant de servir.

Plateau au chocolat

C'est un bon gâteau familial qui se conserve bien. Cuit dans un moule bas rectangulaire, il est idéal pour le stand gâteau des fêtes et kermesses.

Pour 15 personnes

INGRÉDIENTS

350 g de farine avec poudre levante incorporée, tamisée

3 cuil. à soupe de cacao en poudre, tamisé

225 g de sucre en poudre

225 g de margarine

4 œufs, battus

4 cuil. à soupe de lait

50 g de pépites de chocolat au lait

50 g de pépites de chocolat noir

50 g de pépites de chocolat blanc

sucre glace pour saupoudrer

1 Graissez un moule de 33 x 24 x 5 cm avec un peu de beurre ou de margarine.

2 Placez tous les ingrédients, à l'exception des pépites de chocolat et du sucre glace dans une grande terrine et battez jusqu'à l'obtention d'un mélange lisse.

3 Ajoutez les pépites de chocolat noir, blanc et au lait.

4 Versez le mélange dans le moule et lissez la surface. Faites cuire 30 à 40 minutes à four préchauffé à 180°C/ th. 4, ou jusqu'à ce qu'il soit levé et souple au toucher. Laissez refroidir dans le moule.

5 Une fois refroidi, saupoudrez de sucre glace. Coupez en carrés et servez.

MON CONSEIL

Si vous le souhaitez, ce dessert est délicieux servi chaud accompagné de crème fouettée.

MON CONSEIL

Ce gâteau peut être congelé 2 mois, bien enveloppé dans le moule. Décongelez à température ambiante.

VARIANTE

Pour une belle présentation, coupez de fines lanières de papier et croisez-les sur le gâteau. Saupoudrez de sucre glace et enlevez le papier.

Gâteau allégé au chocolat et à l'ananas

Décoré avec du yaourt épais et de l'ananas en boîte, ce gâteau est faible en matières grasses, mais il ne manque certainement pas de goût.

Pour 9 personnes

INGRÉDIENTS

150 g de margarine allégée

125 g de sucre en poudre

100 g de farine avec poudre levante incorporée, tamisée

3 cuil. à soupe de cacao en poudre, tamisé

1 1/2 cuil. à café de levure chimique

2 œufs

1 boîte de 225 g de morceaux d'ananas dans leur jus

125 ml de yaourt allégé nature épais

environ 1 cuil. à soupe de sucre glace

chocolat râpé pour la décoration

1 Beurrez légèrement un moule carré de 20 cm.

2 Placez la margarine allégée, le sucre en poudre, la farine, le cacao en poudre, la levure chimique et les œufs dans une grande terrine. Battez avec une cuillère en bois ou un batteur électrique, jusqu'à ce que le mélange soit homogène.

3 Versez la préparation dans le moule et lissez la surface. Faites cuire 20-25 minutes à four préchauffé

à 190°C/ th. 5, ou jusqu'à ce que le gâteau soit souple au toucher. Laissez-le un peu dans le moule avant de le placer sur une grille pour qu'il finisse de refroidir.

4 Égouttez l'ananas, hachez les morceaux et égouttez à nouveau. Conservez un peu d'ananas pour la décoration, mélangez le reste au yaourt et sucrez à volonté avec le sucre glace.

5 Étalez le mélange ananas/yaourt sur le gâteau et décorez avec les

morceaux d'ananas conservés. Saupoudrez de chocolat râpé.

MON CONSEIL

Vous pouvez conserver ce gâteau, non décoré, dans une boîte hermétique pendant 3 jours. Une fois décoré, réfrigérez et consommez dans les 2 jours.

Quatre-quarts au chocolat et à l'orange

Avec son mélange traditionnel de parfums, ce gâteau est idéal à l'heure du goûter.
Si vous préférez, ne faites pas de glaçage et remplacez-le avec du sucre glace.

Pour 8 à 10 personnes

INGRÉDIENTS

175 g de sucre en poudre
175 g de beurre ou de margarine
  en plaque
3 œufs, battus
175 g de farine avec poudre levante
  incorporée, tamisée

2 cuil. à soupe de cacao en poudre,
  tamisé
2 cuil. à soupe de lait
3 cuil. à soupe de jus d'orange
½ zeste d'orange, râpé

GLAÇAGE
175 g de sucre glace
2 cuil. à soupe de jus d'orange

1 Beurrez légèrement un moule à manqué rond de 20 cm.

2 Dans une terrine, battez ensemble le sucre et le beurre ou la margarine, jusqu'à ce que le mélange soit léger et mousseux. Ajoutez les œufs petit à petit en battant. Incorporez délicatement la farine.

3 Divisez la préparation en deux. Dans une des moitiés, ajoutez le cacao en poudre et le lait, remuez pour obtenir un mélange homogène. Parfumez l'autre moitié avec le jus et le zeste d'orange.

4 Versez des cuillerées de chacun des mélanges dans le moule beurré et tracez des lignes avec une broche pour créer un effet marbré. Faites cuire 25 minutes à four préchauffé à 190°C/ th. 5, ou jusqu'à ce que le gâteau soit souple au toucher.

5 Laissez refroidir quelques minutes, puis démoulez et placez sur une grille pour qu'il finisse de refroidir.

6 Pour le glaçage, tamisez le sucre glace dans une terrine et ajoutez assez de jus d'orange pour former un

glaçage lisse. Étendez ce glaçage sur le gâteau et laissez prendre avant de servir.

VARIANTE

À la place du lait, ajoutez 2 cuillerées à soupe de rhum ou de cognac au mélange au chocolat. Ce gâteau s'accommode aussi très bien de jus et zeste de citron à la place de l'orange.

Quatre-quarts au chocolat

Un gâteau familial simple, idéal pour un petit plaisir de tous les jours. Vous pouvez décorer aussi simplement que vous voulez, vous pouvez employer un glaçage ou une garniture déjà prêts si vous préférez.

Pour 8 à 10 personnes

INGRÉDIENTS

125 g de margarine
125 g de sucre en poudre
2 œufs
1 cuil. à soupe de sirop de sucre roux
125 g de farine avec poudre levante
  incorporée, tamisée

2 cuil. à soupe de cacao en poudre,
  tamisé

GARNITURE ET NAPPAGE
50 g de sucre glace, tamisé
25 g de beurre

100 g de chocolat à cuire blanc ou
  au lait
un peu de chocolat blanc ou au lait,
  fondu (facultatif)

1 Beurrez légèrement deux moules à génoise de 18 cm.

2 Placez tous les ingrédients du gâteau dans une grande terrine et battez avec une cuillère en bois ou un fouet électrique, jusqu'à l'obtention d'un mélange homogène.

3 Partagez la préparation entre les deux moules et lissez la surface. Faites cuire 20 minutes à four préchauffé à 190°C/ th. 5, ou jusqu'à ce que les gâteaux soient souples au toucher. Laissez-les refroidir quelques minutes dans les moules avant de les démouler, puis placez-les sur une grille pour qu'ils finissent de refroidir.

4 Pour faire la garniture, dans une terrine, battez ensemble le sucre glace et le beurre jusqu'à ce que le mélange soit léger et mousseux. Faites fondre le chocolat à cuire et mélangez-en la moitié à la préparation. Étalez cette garniture entre les deux gâteaux posés l'un sur l'autre.

5 Étalez le reste du chocolat fondu sur le gâteau. Avec une douille, faites des cercles contrastés de chocolat au lait ou blanc fondu et, si vous le désirez, utilisez un cure-dents pour faire des nervures. Laissez refroidir avant de servir.

MON CONSEIL

Consommez ce gâteau le jour même car il se conserve mal.

Cake au chocolat et à la vanille

Ce gâteau, une recette traditionnelle, se conserve bien dans une boîte hermétique
ou enveloppé de papier aluminium dans un endroit frais.

Pour 10 personnes

INGRÉDIENTS

175 g de sucre en poudre
175 g de margarine
½ cuil. à café d'extrait de vanille

3 œufs
225 g de farine avec poudre levante
incorporée, tamisée

50 g de chocolat noir
sucre glace pour saupoudrer

1 Beurrez légèrement un moule
à brioche rectangulaire de 450 g.

2 Dans une terrine, travaillez
ensemble le sucre et la margarine
jusqu'à l'obtention d'un mélange léger
et mousseux.

3 Ajoutez l'extrait de vanille,
puis les œufs un à un en
battant. Incorporez délicatement
la farine.

4 Partagez la préparation en deux.
Faites fondre le chocolat noir
et versez-le dans une moitié de la
préparation, remuez jusqu'à ce
que le mélange soit homogène.

5 Mettez le mélange à la vanille
dans le moule et lissez la surface.
Étalez la préparation au chocolat
au-dessus de la couche à la vanille.

6 Faites cuire 30 minutes à four
préchauffé à 190°C/ th. 5, ou
jusqu'à ce que le gâteau soit souple
au toucher.

7 Laissez-le refroidir dans le moule
quelques minutes avant de le
démouler, puis placez-le sur une grille
pour qu'il finisse de refroidir.

8 Servez le gâteau saupoudré de
sucre glace.

VARIANTE

Si vous le désirez, vous pouvez marbrer les
deux mélanges à l'aide d'un cure-dents.

MON CONSEIL

Le gâteau non décoré peut être
congelé deux mois. Décongelez
à température ambiante.

Cake au chocolat pour le goûter

Quoi de mieux, l'après-midi, que de s'asseoir devant une tasse de thé
et une tranche de cake ? Quand il est au chocolat, c'est encore meilleur.

Pour 10 personnes

INGRÉDIENTS

175 g de beurre, ramolli
100 g de sucre roux
4 œufs, légèrement battus

225 g de pépites de chocolat noir
100 g de raisins secs
50 g de noix hachées

1 zeste d'orange, finement râpé
225 g de farine avec poudre levante
incorporée

1 Beurrez légèrement un moule à brioche de 900 g et tapissez le fond de papier cuisson.

2 Dans une terrine, travaillez ensemble le beurre et le sucre, jusqu'à l'obtention d'un mélange léger et mousseux.

3 Ajoutez les œufs petit à petit tout en battant. Si la préparation commence à cailler, ajoutez 1 ou 2 cuillerées à soupe de farine.

4 Incorporez les pépites de chocolat, les raisins secs, les noix et le zeste d'orange. Tamisez la farine et incorporez délicatement en soulevant la préparation.

5 Versez dans le moule et faites une légère dépression au centre avec le dos d'une cuillère.

6 Faites cuire 1 heure à four préchauffé à 170°C/ th. 3, ou jusqu'à ce qu'une broche enfoncée au centre du cake ressorte propre.

7 Laissez-le 5 minutes dans le moule avant de le démouler avec précaution, placez-le sur une grille pour qu'il finisse de refroidir.

8 Servez ce cake coupé en tranches fines.

VARIANTES

Vous pouvez remplacer les pépites de chocolat noir par des pépites de chocolat blanc ou au lait, ou un mélange des trois si vous le désirez. Des airelles sèches à la place des raisins donnent aussi de bons résultats avec cette recette.

MON CONSEIL

Ce cake peut être congelé, bien enveloppé, jusqu'à 3 mois. Décongelez à température ambiante.

Couronne aux abricots et au chocolat

Un délicieux cake en forme de couronne, pour le goûter. Vous pouvez remplacer
les abricots par des raisins de Smyrne, selon votre préférence.

Pour 12 personnes

INGRÉDIENTS

75 g de beurre en petits morceaux
450 g de farine avec poudre levante
   incorporée, tamisée
50 g de sucre en poudre
2 œufs, battus
150 ml de lait

GARNITURE ET DÉCORATION
25 g de beurre, fondu
150 g d'abricots secs hachés
100 g de pépites de chocolat noir

1 à 2 cuil. à soupe de lait pour glacer
25 g de chocolat noir fondu

1 Beurrez un moule rond de 25 cm
et tapissez le fond avec du papier
cuisson.

2 Mélangez le beurre à la farine en
pétrissant du bout des doigts,
pour obtenir une masse sableuse.
Mélangez-y le sucre en poudre, les
œufs et le lait, pour former une pâte
souple.

3 Étendez la pâte sur une surface
légèrement farinée, pour obtenir
un carré de 35 cm de côté.

4 Étalez le beurre fondu au pinceau
sur la surface de la pâte. Mélangez
les abricots et les pépites de chocolat et
étalez-les sur la pâte en laissant 2,5 cm
en haut et en bas.

5 Roulez la pâte en la serrant,
comme pour un gâteau roulé,
et coupez-la en tranches de 2,5 cm
d'épaisseur. Disposez les tranches en
couronne, légèrement inclinées, contre
les parois du moule. Badigeonnez avec
un peu de lait.

6 Faites cuire 30 minutes à four
préchauffé à 180°C/ th. 4, ou
jusqu'à ce que le gâteau soit cuit et
doré. Laissez-le dans le moule
environ 15 minutes, puis placez-le

sur une grille pour qu'il refroidisse
complètement.

7 Décorez la couronne de filets de
chocolat fondu.

MON CONSEIL

Ce gâteau est meilleur quand il est très frais,
idéal le jour même de sa fabrication. Il est
sensationnel servi légèrement tiède.

Brioche aux fruits et au chocolat

Vous voudrez toujours reprendre de cette brioche qui exhale un parfum délicieux en cuisant. Elle est meilleure tiède.

Pour 10 personnes

INGRÉDIENTS

350 g de farine renforcée
25 g de cacao en poudre
25 g de sucre en poudre
1 sachet de 6 g de levure de
  boulangerie express
1/4 de cuil. à café de sel
225 ml d'eau tiède

25g de beurre, fondu
75 g de cerises confites, hachées
  grossièrement
75 g de pépites de chocolat noir
50 g de raisins de Smyrne
75 g d'abricots secs, grossièrement
  hachés

DORAGE
1 cuil. à soupe de sucre en poudre
1 cuil. à soupe d'eau

1 Beurrez légèrement un moule à brioche rectangulaire de 900 g. Tamisez la farine et le cacao au-dessus d'une grande terrine. Mélangez-y le sucre, la levure et le sel.

2 Mélangez l'eau tiède et le beurre. Formez un puits au centre des ingrédients et versez-y le liquide. Remuez bien avec une cuillère en bois, puis pétrissez avec vos mains pour rendre la pâte plus homogène. Posez la pâte sur une surface légèrement farinée et pétrissez-la pendant 5 minutes jusqu'à ce qu'elle soit lisse et élastique.

Placez-la dans une terrine propre, recouvrez-la d'un linge humide et laissez-la lever dans un endroit chaud environ une heure ou jusqu'à ce qu'elle ait doublé de volume.

3 Remettez la pâte sur une surface farinée et pétrissez-la 5 minutes. Étendez-la pour former un rectangle d'environ 1 cm d'épaisseur, ayant la même largeur que la longueur du moule. Répartissez les cerises, les pépites de chocolat, les raisins et les abricots hachés sur la pâte. Roulez la pâte avec précaution (comme pour un

gâteau roulé) sur la garniture. Placez-la dans le moule, recouvrez-la d'un linge humide et laissez-la lever 20 minutes, ou jusqu'à ce que le dessus de la pâte atteigne le haut du moule.

4 Pour le dorage, mélangez le sucre et l'eau et badigeonnez le dessus de la brioche. Faites cuire 30 minutes à four préchauffé à 200°C/ th. 6, ou jusqu'à ce que la brioche soit bien gonflée. Servez.

Biscuit fourré au moka

Gâteau au chocolat et garniture crémeuse au café s'allient à merveille dans ce gâteau au moka.

Pour 8 à 10 personnes

INGRÉDIENTS

200 g de farine avec poudre levante incorporée
¼ de cuil. à café de levure chimique
4 cuil. à soupe de cacao en poudre
100 g de sucre en poudre
2 œufs
2 cuil. à soupe de sirop de sucre roux

150 ml d'huile de tournesol
150 ml de lait

GARNITURE
1 cuil. à café de café en poudre
1 cuil. à soupe d'eau bouillante
300 ml de crème fraîche épaisse
25 g de sucre glace

DÉCORATION
50 g de chocolat à enrober
Caraque en chocolat (voir page 208)
Sucre glace pour saupoudrer

1 Beurrez légèrement 3 moules ronds de 18 cm.

2 Au-dessus d'une grande terrine, tamisez ensemble la farine, la levure chimique et le cacao en poudre. Ajoutez le sucre. Creusez un puits au centre et mettez-y les œufs, le sirop, l'huile et le lait. Travaillez avec une cuillère en bois pour amalgamer petit à petit les ingrédients secs et obtenir une pâte homogène. Divisez la préparation en trois et versez-la dans les moules.

3 Faites cuire 35 à 45 minutes à four préchauffé à 180°C/ th. 4, ou jusqu'à ce que les gâteaux soient souples au toucher. Laissez refroidir 5 minutes dans les moules, puis placez-les sur une grille pour qu'ils finissent de refroidir.

4 Faites dissoudre le café en poudre dans l'eau bouillante et versez-le dans une terrine avec la crème fraîche et le sucre glace. Fouettez jusqu'à ce que la crème soit ferme. Superposez les trois gâteaux en intercalant la moitié de la crème. Étalez le reste de la crème sur la surface et les parois du gâteau. Enfoncez les bouts de chocolat dans la crème, sur l'extérieur du gâteau, en appuyant doucement.

5 Placez sur le plat de service. Disposez les caraques sur le gâteau. Coupez quelques fines lanières de papier cuisson et croisez-les sur les caraques. Saupoudrez légèrement de sucre glace et enlevez le papier avec précaution. Servez.

Barre au chocolat Lamington

*Ce gâteau s'inspire du célèbre gâteau Lamington australien, du nom de Lord Lamington,
ancien gouverneur du Queensland. Son glaçage au chocolat est recouvert de noix de coco.*

Pour 8 à 10 personnes

INGRÉDIENTS

175 g de beurre ou margarine en plaque

175 g de sucre en poudre

3 œufs légèrement battus

150 g de farine avec poudre levante incorporée

2 cuil. à soupe de cacao en poudre

125 g de sucre glace

50 g de chocolat noir cassé en morceaux

5 cuil. à soupe de lait

1 cuil. à café de beurre

environ 8 cuil. à soupe de noix de coco séchée râpée

150 ml de crème fraîche épaisse, fouettée

1 Beurrez légèrement un moule à brioche de 450 g, de préférence un moule de 7,5 x 25 cm.

2 Dans une terrine, travaillez ensemble le beurre et le sucre jusqu'à l'obtention d'un mélange léger et mousseux. Ajoutez les œufs petit à petit tout en battant. Tamisez ensemble la farine et le cacao. Incorporez à la préparation.

3 Versez la pâte dans le moule et lissez la surface. Faites cuire 40 minutes à four préchauffé à 180°C/

th. 4, ou jusqu'à ce que le gâteau soit souple au toucher. Laissez reposer la brioche 5 minutes, puis démoulez-la et placez-la sur une grille pour qu'elle finisse de refroidir.

4 Dans une terrine résistante à la chaleur, placez le chocolat, le lait et le beurre, puis placez la terrine au-dessus d'une casserole d'eau chaude. Remuez jusqu'à ce que le chocolat soit fondu. Ajoutez le sucre glace et battez pour obtenir un mélange lisse. Laissez refroidir jusqu'à ce que le glaçage soit assez épais pour l'étaler sur tout le

gâteau. Saupoudrez de noix de coco râpée et laissez prendre le glaçage.

5 Coupez une tranche en forme de " V " sur le dessus du gâteau. Mettez la crème dans une poche à douille munie d'un embout uni ou cannelé, remplissez de crème la partie évidée et replacez la tranche sur la crème. Décorez avec un ruban de crème de chaque côté du " V ". Servez.

Biscuit fourré au chocolat fondant

De fines couches d'un délicieux biscuit léger au chocolat,
intercalées avec un riche glaçage au chocolat.

Pour 10 à 12 personnes

INGRÉDIENTS

7 œufs
200 g de sucre en poudre
150 g de farine tous usages
50 g de cacao en poudre
50 g de beurre, fondu

GARNITURE
200 g de chocolat noir
125 g de beurre
50 g de sucre glace

DÉCORATION
75 g d'amandes effilées grillées,
   légèrement écrasées
Petits copeaux de chocolat (voir
   page 214) ou chocolat râpé

1 Beurrez un moule haut carré de 23 cm et tapissez le fond avec du papier cuisson.

2 Dans une terrine, battez les œufs et le sucre en poudre au fouet électrique 10 minutes ou jusqu'à ce que le mélange soit très léger et mousseux : le fouet doit laisser une marque pendant quelques secondes quand on le relève.

3 Tamisez ensemble la farine et le cacao en poudre et incorporez-en la moitié à la préparation. Ajoutez le beurre fondu en filet et incorporez le reste de la farine et du cacao. Versez dans le moule et faites cuire 30 à 35 minutes à four préchauffé à 180°C/ th. 4, ou jusqu'à ce que le gâteau soit souple au toucher. Laissez un peu refroidir, démoulez et laissez-le refroidir complètement sur une grille. Lavez et essuyez le moule et remettez-y le gâteau.

4 Pour préparer la garniture, faites fondre ensemble le chocolat et le beurre et retirez du feu, ajoutez le sucre glace et laissez refroidir, puis battez jusqu'à ce que le mélange soit assez épais pour étendre.

5 Coupez le gâteau en deux dans le sens de la longueur et coupez chaque moitié en 3 couches. Reformez le gâteau en y intercalant les trois-quarts du glaçage au chocolat. Étalez le quart restant sur le gâteau et tracez des ondulations à la fourchette. Enfoncez les amandes sur les côtés. Décorez de copeaux de chocolat ou de chocolat râpé.

Biscuit fourré au chocolat et à la mangue

Des pêches peuvent très bien remplacer les mangues dans ce délicieux gâteau moelleux, si tel est votre goût. Si le dessus du gâteau forme un dôme très prononcé, coupez-en un morceau et retournez le gâteau de manière à avoir une surface plate à décorer.

Pour 12 personnes

INGRÉDIENTS

50 g de cacao en poudre
150 ml d'eau bouillante
6 gros œufs
350 g de sucre en poudre

300 g de farine avec poudre levante
   incorporée
2 boîtes de 400 g de mangues
1 cuil. à café de farine de maïs

425 ml de crème fraîche épaisse
75 g de chocolat noir à enrober ou
   de chocolat râpé

1 Beurrez un moule haut de 23 cm de diamètre et tapissez le fond avec du papier cuisson.

2 Mettez le cacao en poudre dans une petite terrine et ajoutez peu à peu l'eau bouillante, délayez pour obtenir une pâte lisse.

3 Dans une petite terrine, mettez les œufs et le sucre en poudre. Fouettez jusqu'à l'obtention d'un mélange très clair et mousseux, le fouet doit laisser une marque pendant quelques secondes quand on le relève. Incorporez délicatement le cacao en poudre, puis la farine tamisée.

4 Versez dans le moule et lissez la surface. Faites cuire 1 heure à four préchauffé à 170°C/ th. 3, ou jusqu'à ce que le gâteau soit souple au toucher.

5 Laissez-le refroidir quelques minutes, puis placez-le sur une grille pour qu'il finisse de refroidir. Enlevez le papier et coupez le gâteau en 3 couches.

6 Égouttez les mangues, mettez-en le quart dans un mixeur et réduisez-les pour former une purée lisse. Délayez la farine de maïs avec environ 3 cuil. à soupe de jus de mangue, pour former une pommade. Ajoutez à la purée de mangues. Placez dans une

petite casserole, remuez doucement pour faire épaissir. Laissez refroidir.

7 Hachez les mangues restantes. Fouettez la crème fraîche et gardez-en environ un quart. Incorporez délicatement les mangues à la crème et intercalez le mélange entre les couches de gâteau. Disposez sur le plat de service.

8 Étalez un peu de la crème restante sur les côtés du gâteau. Placez le chocolat à enrober ou râpé sur la crème. Avec une douille, formez des rosaces sur le dessus. Étalez la purée de mangues au centre.

Gâteau du diable

*C'est une recette américaine classique, consistant en un riche gâteau au chocolat
qui fond dans la bouche, agrémenté d'un glaçage parfumé aux agrumes.*

Pour 8 personnes

INGRÉDIENTS

100 g de chocolat noir
250 g de farine avec poudre levante
  incorporée
1 cuil. à café de bicarbonate de soude
225 g de beurre

400 g de sucre brun
1 cuil. à café d'extrait de vanille
3 œufs
125 ml de babeurre
225 ml d'eau bouillante

GLAÇAGE
300 g de sucre en poudre
2 blancs d'œuf
1 cuil. à soupe de jus de citron
3 cuil. à soupe de jus d'orange
Du zeste d'orange confit pour décorer

1 Beurrez légèrement deux moules bas de 20 cm de diamètre et tapissez les fonds de papier cuisson. Faites fondre le chocolat dans une casserole. Tamisez ensemble la farine et le bicarbonate de soude.

2 Dans une terrine, battez le beurre et le sucre jusqu'à ce que le mélange soit mousseux et de couleur claire. Ajoutez l'extrait de vanille et mélangez les œufs un à un. Ajoutez un peu de farine si le mélange commence à cailler.

3 Mélangez soigneusement le chocolat fondu à la préparation. Incorporez petit à petit le reste de la farine, puis le babeurre et l'eau bouillante.

4 Partagez la préparation entre les deux moules et lissez la surface. Faites cuire 30 minutes à four préchauffé à 190°C/ th. 5, ou jusqu'à ce que le gâteau soit souple au toucher. Laissez refroidir 5 minutes dans les moules, puis placez les gâteaux sur une grille pour qu'ils finissent de refroidir.

5 Mettez les ingrédients du glaçage dans une grande terrine placée sur une casserole d'eau frémissante. Fouettez, de préférence au batteur électrique, jusqu'à ce que le mélange s'épaississe et forme de petites pointes. Retirez du feu et fouettez jusqu'au refroidissement.

6 Mettez les gâteaux l'un sur l'autre, en mettant une partie du glaçage entre les deux. Étalez le reste sur les côtés et le dessus du gâteau en formant des mouvements circulaires. Décorez avec le zeste d'orange confit.

Gâteau de la passion au chocolat

Qu'y a-t-il de meilleur qu'un gâteau de la passion auquel on aurait ajouté du chocolat ?
Riche et moelleux ce gâteau est fabuleux au goûter.

Pour 10 à 12 personnes

INGRÉDIENTS

5 œufs
150 g de sucre en poudre
150 g de farine tous usages
40 g de cacao en poudre

175 g de carottes épluchées
et finement râpées
50 g de noix hachées
2 cuil. à soupe d'huile de tournesol

350 g de fromage frais demi-écrémé
175 g de sucre glace
175 g de chocolat noir ou au lait,
fondu

1 Beurrez légèrement un moule haut de 20 cm de diamètre.

2 Dans une grande terrine placée au-dessus d'une casserole d'eau frémissante, fouettez les œufs et le sucre jusqu'à ce que le mélange soit très épais. Levez le fouet et laissez couler le mélange, s'il est assez épais il doit laisser une marque pendant quelques secondes.

3 Retirez la terrine du feu. Tamisez la farine et le cacao au-dessus de la terrine et incorporez délicatement. Incorporez les carottes, les noix et l'huile et mélangez bien.

4 Versez dans le moule et faites cuire 45 minutes à four préchauffé à 190°C/ th. 5, ou jusqu'à ce que le gâteau soit bien levé et souple au toucher. Laissez un peu refroidir, puis démoulez et placez le gâteau sur une grille pour qu'il finisse de refroidir.

5 Mélangez le fromage frais et le sucre glace. Ajoutez le chocolat fondu, toujours en battant. Coupez le gâteau en deux et placez la moitié de ce mélange entre les deux parties. Couvrez la surface du gâteau avec la seconde moitié en faisant un mouvement circulaire avec un couteau. Laissez refroidir ou servez immédiatement.

MON CONSEIL

Ce gâteau, non décoré, peut être congelé 2 mois. Décongelez à température ambiante pendant 3 heures ou pendant la nuit dans le réfrigérateur.

Gâteau au yaourt et au chocolat

Le yaourt ajouté à la préparation donne au gâteau
une consistance délicieusement moelleuse.

Pour 8 à 10 personnes

INGRÉDIENTS

150 ml d'huile végétale
150 ml de yaourt naturel entier
175 g de sucre roux
3 œufs battus
100 g de farine complète avec poudre
   levante incorporée

125 g de farine avec poudre levante
   incorporée, tamisée
2 cuil. à soupe de cacao en poudre
1 cuil. à café de bicarbonate de soude
50 g de chocolat noir, fondu

GARNITURE ET NAPPAGE
150 ml de yaourt nature entier
150 ml de crème fraîche épaisse
225 g de fruits rouges, fraises ou
   framboises par exemple

1 Beurrez un moule à manqué de 23 cm de diamètre et tapissez le fond avec du papier cuisson.

2 Dans une grande terrine, mettez l'huile, le yaourt, le sucre et les œufs battus, mélangez bien tous ces ingrédients. Ajoutez les farines, le cacao et le bicarbonate de soude tamisés ensemble, puis le chocolat fondu.

3 Versez dans le moule et faites cuire 45 à 50 minutes à four préchauffé à 180°C/ th. 4, ou jusqu'à ce qu'une broche insérée au centre du gâteau ressorte propre. Laissez refroidir 5 minutes, puis démoulez et placez le gâteau sur une grille pour qu'il finisse de refroidir. Quand le gâteau est froid, coupez-le en 3 couches.

4 Pour faire la garniture, mettez le yaourt et la crème dans une grande terrine et fouettez jusqu'à ce que le mélange soit ferme.

5 Posez une couche de gâteau sur le plat de service et étalez dessus une partie de la crème. Ajoutez les fruits (en coupant les plus gros, comme les fraises). Recommencez avec la couche suivante. Terminez avec la troisième couche de gâteau et étalez le reste de la crème dessus. Disposez encore des fruits par-dessus et coupez le gâteau en parts pour le servir.

Bûche au chocolat tranchée

*Ce gâteau sortant de l'ordinaire remporte un vif succès auprès des enfants,
qui adorent l'effet produit par les différentes couches quand il est coupé en tranches.*

Pour 8 à 10 personnes

INGRÉDIENTS

125 g de margarine
125 g de sucre en poudre
2 œufs
100 g de farine avec poudre levante
  incorporée
25 g de cacao en poudre
2 cuil. à soupe de lait

CRÈME AU BEURRE AU CHOCOLAT BLANC
75 g de chocolat blanc
2 cuil. à soupe de lait
150 g de beurre
125 g de sucre glace

2 cuil. à soupe de liqueur parfumée
  à l'orange
De grands copeaux de chocolat noir
(voir page 66) pour la décoration

1 Beurrez et tapissez les parois de deux boîtes de conserve de 400 g de papier cuisson.

2 Dans une terrine, battez la margarine et le sucre jusqu'à ce que le mélange devienne léger et mousseux. Mélangez les œufs un à un. Tamisez ensemble la farine et le cacao en poudre et incorporez délicatement à la préparation. Ajoutez le lait.

3 Partagez la préparation entre les deux boîtes de conserve, posez-les sur une plaque et faites cuire 40 minutes à four préchauffé à 180°C/ th. 4, ou jusqu'à ce que les gâteaux soient souples au toucher. Laissez refroidir environ 5 minutes dans les boîtes, démoulez et mettez-les sur une grille pour qu'ils finissent de refroidir.

4 Pour faire la crème au beurre, faites chauffer le chocolat et le lait dans une casserole à feu doux, remuez jusqu'à ce que le chocolat soit fondu et bien mélangé. Laissez un peu refroidir. Travaillez ensemble le beurre et le sucre glace jusqu'à ce que le mélange soit léger et mousseux. Incorporez petit à petit la liqueur d'orange au mélange chocolaté.

5 Pour assembler, coupez les deux gâteaux en tranches de 1 cm d'épaisseur, puis reformez le gâteau en insérant de la crème au beurre entre les tranches.

6 Mettez la bûche sur le plat de service et étalez le reste de la crème au beurre sur le dessus et les côtés. Décorez avec les copeaux de chocolat et servez en coupant les tranches en diagonale.

Gâteau au chocolat et à la mousse à l'orange

Composé d'un gâteau au chocolat noir fourré d'une mousse à l'orange
légère et crémeuse, ce gâteau spectaculaire est irrésistible.

Pour 12 personnes

INGRÉDIENTS

175 g de beurre
175 g de sucre en poudre
4 œufs, légèrement battus
200 g de farine avec poudre levante
   incorporée
1 cuil. à soupe de cacao en poudre
50 g de chocolat noir parfumé à
   l'orange, fondu

MOUSSE À L'ORANGE
2 œufs, blancs et jaunes séparés
50 g de sucre en poudre
200 ml de jus d'orange fraîchement
   pressé
2 cuil. à café de gélatine
3 cuil. à soupe d'eau

300 ml de crème fraîche épaisse
Des quartiers d'orange épluchés
   pour la décoration

1 Beurrez un moule à bords amovibles de 20 cm de diamètre et tapissez le fond de papier cuisson. Dans une terrine, battez le beurre et le sucre pour obtenir un mélange léger et mousseux. Mélangez peu à peu les œufs. Tamisez ensemble la farine et le cacao et incorporez à la préparation. Ajoutez le chocolat.

2 Versez dans le moule et lissez la surface. Faites cuire 40 minutes à four préchauffé à 180°C/ th. 4, ou jusqu'à ce que le gâteau soit souple au toucher. Laissez refroidir 5 minutes dans le moule, puis démoulez et placez le gâteau sur une grille pour qu'il finisse de refroidir. Quand il est froid, coupez le gâteau en deux.

3 Pour faire la mousse à l'orange, battez les jaunes d'œuf et le sucre jusqu'à l'obtention d'un mélange de couleur claire, puis ajoutez le jus d'orange en fouettant. Dans une petite terrine, saupoudrez la gélatine sur l'eau, laissez gonfler, puis placez la terrine sur une casserole d'eau chaude et remuez jusqu'à dissolution. Incorporez à la mousse.

4 Fouettez la crème fraîche jusqu'à ce qu'elle soit ferme, gardez-en un peu pour la décoration et incorporez le reste à la mousse. Battez les blancs en neige ferme et incorporez-les. Mettez au frais jusqu'à ce que le mélange commence à prendre ; remuez de temps à autre.

5 Mettez une moitié du gâteau dans le moule. Couvrez avec la mousse et placez la seconde moitié dessus en appuyant. Mettez au frais pour faire prendre. Placez sur un plat. Faites des rosaces de crème avec une douille et disposez les quartiers d'orange au centre.

Roulade au chocolat

Ne vous inquiétez pas si le gâteau se fendille quand vous le roulez, c'est tout à fait normal.
S'il ne se fendille pas, considérez-vous comme un(e) véritable magicien(ne) de la cuisine au chocolat !

Pour 6 à 8 personnes

INGRÉDIENTS

150 g de chocolat noir
2 cuil. à soupe d'eau
6 œufs
175 g de sucre en poudre
25 g de farine tous usages
1 cuil. à soupe de cacao en poudre

GARNITURE
300 ml de crème fraîche épaisse
75 g de fraises coupées en tranches

DÉCORATION
Sucre glace
Feuilles en chocolat (voir ci-dessous)

1 Tapissez de papier cuisson un moule bas rectangulaire de 37,5 x 25 cm. Faites fondre le chocolat dans l'eau en remuant. Laissez un peu refroidir.

2 Dans une terrine, battez les œufs et le sucre pendant 10 minutes, ou jusqu'à l'obtention d'un mélange clair et mousseux : le fouet doit laisser une trace quand on le relève. Ajoutez le chocolat en filet tout en fouettant. Tamisez ensemble la farine et le cacao et incorporez à la préparation. Versez dans le moule, lissez la surface.

3 Faites cuire 12 minutes à four préchauffé à 200°C/ th. 6. Saupoudrez un peu de sucre glace sur une feuille de papier cuisson. Démoulez la roulade et enlevez le papier cuisson. Roulez la roulade avec le nouveau papier cuisson à l'intérieur. Mettez sur une grille, couvrez d'un linge humide et laissez refroidir.

4 Fouettez la crème fraîche pour qu'elle soit ferme. Déroulez la roulade et parsemez de fruits. Étalez les trois-quarts de la crème sur la roulade et roulez-la à nouveau. Saupoudrez de

sucre glace. Mettez sur un plat. Mettez le reste de la crème dans une poche à douille et faites un ruban le long de la roulade. Décorez de feuilles en chocolat.

5 Pour faire les feuilles en chocolat, lavez des feuilles de rosier ou de houx et essuyez-les. Faites fondre du chocolat et badigeonnez-en les feuilles. Laissez durcir. Recommencez avec 2 ou 3 couches de chocolat. Séparez les feuilles du chocolat avec précaution.

Roulade au chocolat et à la noix de coco

Roulade parfumée à la noix de coco, recouverte d'une riche enveloppe de chocolat.
Un coulis de framboises fraîches forme un contraste délicieux avec le sucré de la roulade.

Pour 8 à 10 personnes

INGRÉDIENTS

3 œufs
75 g de sucre en poudre
50 g de farine avec poudre levante
 incorporée
1 cuil. à soupe de crème de noix de
 coco en plaque, ramollie dans une
 cuil. à soupe d'eau bouillante.
25 g de noix de coco séchée râpée

6 cuil. à soupe de bonne confiture
 de framboises

ENROBAGE AU CHOCOLAT
200 g de chocolat noir
60 g de beurre
2 cuil. à soupe de sirop de sucre roux

COULIS DE FRAMBOISES
225 g de framboises fraîches ou
 surgelées, décongelées
2 cuil. à soupe d'eau
4 cuil. à soupe de sucre glace

1 Beurrez et tapissez de papier cuisson un moule bas rectangulaire de 23 x 30 cm. Dans une grande terrine, battez les œufs et le sucre en poudre au batteur électrique pendant 10 minutes, ou jusqu'à ce que le mélange soit très léger et mousseux et que le fouet laisse une trace pendant quelques secondes quand on le relève.

2 Tamisez la farine et incorporez-la à l'aide d'une cuillère en métal ou d'une spatule. Incorporez la crème de noix de coco et la noix de coco râpée.

Versez dans le moule et faites cuire 10 à 12 minutes à four préchauffé à 200°C/ th. 6, ou jusqu'à ce que le gâteau soit souple au toucher.

3 Saupoudrez un peu de sucre en poudre sur une feuille de papier cuisson et mettez-la sur un linge humide. Démoulez le gâteau, placez-le sur le papier et décollez le papier cuisson. Étalez la confiture sur le gâteau et roulez-le en commençant par le petit côté, en vous aidant du linge. Placez-le sur une grille, bord dessous, et laissez complètement refroidir.

4 Pour faire l'enrobage, faites fondre le chocolat et le beurre en remuant. Sans cesser de remuer, ajoutez le sirop de sucre roux et laissez refroidir 5 minutes. Étalez sur la roulade et laissez prendre. Pour faire le coulis, réduisez les fruits en purée au mixeur avec l'eau et le sucre. Tamisez pour enlever les graines. Coupez la roulade en tranches et servez avec le coulis.

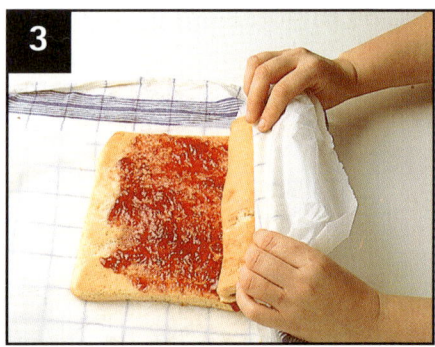

Génoise fourrée aux amandes et noisettes

C'est un gâteau léger, au goût d'amandes, fourré d'une riche crème au chocolat.
Il est facile à faire et vous pouvez être sûr(e) que vous le referez souvent.

Pour 8 à 10 personnes

INGRÉDIENTS

4 œufs
100 g de sucre en poudre
50 g d'amandes en poudre
50 g de noisettes en poudre
50 g de farine

50 g d'amandes effilées

GARNITURE
100 g de chocolat noir
15 g de beurre

300 ml de crème fraîche épaisse
sucre glace pour saupoudrer

1 Beurrez deux moules à génoise de 18 cm de diamètre et tapissez-en le fond avec du papier cuisson.

2 Dans une grande terrine, battez les œufs et le sucre en poudre au batteur électrique pendant 10 minutes, pour que le mélange soit blanchâtre et mousseux : le fouet doit laisser une trace pendant quelques secondes quand on le relève.

3 Ajoutez les amandes et noisettes en poudre, tamisez la farine et incorporez-la à l'aide d'une cuillère en métal ou d'une spatule. Versez le mélange dans les moules.

4 Répartissez les amandes effilées sur l'un des gâteaux. Faites cuire les gâteaux 15 à 20 minutes à four préchauffé à 190°C/ th. 5, ou jusqu'à ce qu'ils soient souples au toucher.

5 Laissez un peu refroidir, puis démoulez avec précaution et placez les gâteaux sur une grille pour qu'ils finissent de refroidir.

6 Pour faire la garniture, faites fondre le chocolat, retirez du feu et ajoutez le beurre en remuant. Laissez refroidir un moment. Battez la crème fraîche jusqu'à ce qu'elle soit ferme et incorporez délicatement le chocolat fondu.

7 Mettez le gâteau sans amandes sur le plat de service et versez la garniture dessus. Laissez prendre un moment, puis posez le gâteau avec les amandes sur la garniture. Laissez refroidir environ une heure. Saupoudrez de sucre glace et servez.

Gâteau au chocolat et aux noix

Ce gâteau au chocolat parsemé de noix a un délicieux glaçage au beurre au chocolat. Comme il peut se préparer la veille, il est parfait si vous avez des invités qui viennent prendre un café en milieu de matinée.

Pour 8 à 12 personnes

INGRÉDIENTS

4 œufs

125 g de sucre en poudre

125 g de farine tous usages

1 cuil. à soupe de cacao en poudre

25 g de beurre, fondu

75 g de chocolat noir, fondu

150 g de noix finement hachées

GLAÇAGE

75 g de chocolat noir

125 g de beurre

200 g de sucre glace

2 cuil. à soupe de lait

cerneaux de noix pour la décoration

1 Beurrez un moule haut, rond de 18 cm de diamètre et tapissez le fond de papier cuisson. Dans une terrine, battez les œufs et le sucre en poudre au batteur électrique pendant 10 minutes, jusqu'à l'obtention d'un mélange blanchâtre et mousseux : le fouet doit laisser une trace pendant quelques secondes quand on le relève.

2 Tamisez ensemble la farine et le cacao et incorporez-les avec une cuillère en métal ou une spatule. Ajoutez le beurre et le chocolat fondus, ainsi que les noix hachées. Versez dans le moule et faites cuire 30 à 35 minutes à four préchauffé à 160°C/ th. 3, ou jusqu'à ce que le gâteau soit souple au toucher.

3 Laissez refroidir 5 minutes, puis démoulez le gâteau et placez-le sur une grille pour qu'il finisse de refroidir. Coupez le gâteau en deux.

4 Pour faire le glaçage, faites fondre le chocolat noir et laissez refroidir quelques instants. Dans une terrine, travaillez ensemble le beurre, le sucre glace et le lait pour obtenir un mélange mousseux et de couleur claire. Ajoutez le chocolat fondu.

5 Entre les deux couches de gâteau, placez une partie du glaçage et mettez sur le plat de service. Étalez le glaçage restant sur le gâteau en formant des spirales avec une palette. Décorez avec les cerneaux de noix et servez.

Torte Dobos

*Ce merveilleux gâteau nous vient de Hongrie, il est composé de minces couches
de biscuit intercalées de crème au beurre et surmontées d'une couche de caramel croustillante.*

Pour 8 personnes

INGRÉDIENTS

3 œufs
100 g de sucre en poudre
1 cuil. à café d'extrait de vanille
100 g de farine tous usages

GARNITURE
175 g de chocolat noir
175 g de beurre
2 cuil. à soupe de lait
350 g de sucre glace

CARAMEL
100 g de sucre cristallisé
4 cuil. à soupe d'eau

1 Tracez 4 cercles de 18 cm de diamètre sur du papier cuisson. Mettez-en deux à l'envers sur une plaque pour le four. Dans une grande terrine, battez les œufs et le sucre en poudre au batteur électrique pendant 10 minutes, jusqu'à l'obtention d'un mélange mousseux et blanchâtre, le fouet doit laisser une trace. Ajoutez la vanille. Tamisez la farine et incorporez-la avec une cuillère en métal ou une spatule. Versez un quart de la préparation sur une des plaques et étalez-la sur toute la surface du cercle. Recommencez avec l'autre cercle. Faites cuire 5 à 8 minutes à four préchauffé à

200°C/ th. 6, ou jusqu'à ce que la pâte soit bien dorée. Laissez refroidir sur une grille. Répétez avec le reste de la préparation.

2 Pour faire la garniture, faites fondre le chocolat et laissez refroidir quelques instants. Mélangez le beurre, le lait et le sucre glace jusqu'à ce qu'ils soient mousseux et de couleur claire. Ajoutez le chocolat au fouet. Dans une casserole à fond épais, mettez le sucre et l'eau pour faire le caramel et faites chauffer à feu doux jusqu'à dissolution du sucre. Faites bouillir doucement pour faire légèrement dorer

le sirop. Retirez du feu et recouvrez un des gâteaux avec le caramel. Laissez un peu durcir et tracez 8 parts avec un couteau huilé. Retirez les gâteaux du papier et taillez les bords. Superposez en mettant une partie de la garniture entre deux gâteaux et en terminant avec le gâteau au caramel. Mettez sur le plat de service et recouvrez les bords de la garniture avec une raclette dentée si possible. Faites des rosaces sur le pourtour du gâteau.

Torte Bistvitny

*C'est un gâteau marbré au chocolat russe, arrosé d'un sirop délicieusement parfumé
et décoré de crème fraîche et de chocolat.*

Pour 10 personnes

INGRÉDIENTS

TRIANGLES EN CHOCOLAT
25 g de chocolat noir, fondu
25 g de chocolat blanc, fondu

GÂTEAU
175 g de margarine

175 g de sucre en poudre
$\frac{1}{2}$ cuil. à café d'extrait de vanille
3 œufs, légèrement battus
225 g de farine avec poudre levante
   incorporée
50 g de chocolat noir

SIROP
125 g de sucre
6 cuil. à soupe d'eau
3 cuil. à soupe de cognac ou sherry
150 ml de crème fraîche épaisse

1 Beurrez un moule en couronne de 23 cm. Pour les triangles, mettez une feuille de papier cuisson sur une plaque pour le four et alternez des cuillerées de chocolat blanc et noir sur le papier. Étalez pour former un aspect marbré et laissez durcir. Coupez en carrés, puis en triangles.

2 Pour faire le gâteau, travaillez la margarine et le sucre jusqu'à l'obtention d'un mélange léger et mousseux. Ajoutez la vanille, puis mélangez les œufs petit à petit. Incorporez la farine. Divisez la préparation en deux. Faites fondre le chocolat et mélangez à une moitié.

3 Alternez des cuillerées de chaque moitié dans le moule et mélangez avec une broche pour créer la marbrure.

4 Faites cuire 30 minutes à four préchauffé à 190°C/ th. 5, ou jusqu'à ce que le gâteau soit souple au toucher. Laissez refroidir quelques minutes, puis placez le gâteau sur une grille pour qu'il finisse de refroidir.

5 Pour faire le sirop, faites chauffer le sucre et l'eau dans une petite casserole jusqu'à dissolution. Portez à ébullition 1 ou 2 minutes. Retirez du feu et ajoutez le cognac ou sherry. Laissez-le un peu refroidir et versez-le cuillère après cuillère pour le laisser pénétrer dans le gâteau. Battez la crème fraîche et faites des rosaces sur le gâteau. Décorez avec les triangles en chocolat.

Sachertorte

Ce riche gâteau qui fond dans la bouche nous vient d'Autriche. Attention à ne pas avoir la main
qui tremble pour écrire le nom dessus. Si vous préférez, à la place, faites couler un filet de chocolat au hasard.

Pour 10 à 12 personnes

INGRÉDIENTS

175 g de chocolat noir
150 g de beurre doux
150 g de sucre en poudre
6 œufs, blancs et jaunes séparés
150 g de farine tous usages

GLAÇAGE ET GARNITURE
175 g de chocolat noir
5 cuil. à soupe de café fort
175 g de sucre glace

6 cuil. à soupe de bonne confiture
d'abricots
50 g de chocolat noir, fondu

1 Beurrez un moule rond à bords amovibles de 23 cm de diamètre et tapissez le fond de papier cuisson. Faites fondre le chocolat. Battez le beurre et 75 g de sucre jusqu'à ce que le mélange soit blanchâtre et mousseux. Ajoutez les jaunes d'œuf et mélangez bien, puis ajoutez le chocolat en filet en battant bien. Tamisez la farine et incorporez au mélange. Battez les œufs en neige ferme, ajoutez le reste du sucre et fouettez à la main pendant 2 minutes ou 45 à 60 secondes au batteur électrique. Incorporez délicatement la moitié de ce mélange à la préparation au chocolat, puis ajoutez le reste.

2 Versez dans le moule et lissez la surface. Faites cuire 1 à 1¼ heure à four préchauffé à 150°C/ th. 2, jusqu'à ce qu'une broche enfoncée au centre ressorte propre. Laissez refroidir le gâteau 5 minutes, puis démoulez et placez sur une grille pour qu'il finisse de refroidir.

3 Pour le glaçage, faites fondre le chocolat et ajoutez le café. Le mélange doit être lisse. Dans une terrine, tamisez le sucre glace, ajoutez le chocolat et fouettez pour obtenir un glaçage épais. Coupez le gâteau en deux. Faites chauffer la confiture, étalez-la sur une moitié du gâteau, posez l'autre

moitié dessus. Renversez le gâteau sur une grille. Étalez le glaçage qui doit recouvrir le dessus et les côtés du gâteau. Laissez refroidir 5 minutes pour que le glaçage superflu coule à travers la grille. Placez sur le plat de service et laissez prendre pendant au moins 2 heures.

4 Pour décorer, remplissez une petite poche à douille avec le chocolat fondu et écrivez le mot " Sacher " ou " Sachertorte " sur le biscuit. Laissez durcir avant de servir.

Torte au chocolat noir et blanc

*Si vous n'arrivez pas à décider si vous préférez le chocolat noir amer ou
le chocolat blanc riche et crémeux, alors ce gâteau est pour vous.*

Pour 10 personnes

INGRÉDIENTS

4 œufs
100 g de sucre en poudre
100 g de farine tous usages

CRÈME AU CHOCOLAT NOIR
300 ml de crème fraîche épaisse
150 g de chocolat noir, cassé en petits
morceaux

GLAÇAGE AU CHOCOLAT BLANC
75 g de chocolat blanc
15 g de beurre
1 cuil. à soupe de lait
50 g de sucre glace
caraques en chocolat (voir page 208)

1 Beurrez un moule rond à bords amovibles de 20 cm de diamètre et tapissez le fond de papier cuisson. Dans une grande terrine, fouettez les œufs et le sucre au batteur électrique pendant 10 minutes, ou jusqu'à ce que le mélange soit très clair et mousseux. Le fouet doit laisser une trace pendant quelques secondes quand on le relève.

2 Tamisez la farine et incorporez-la en soulevant avec une cuillère en métal ou une spatule. Versez dans le moule et faites cuire 35 à 40 minutes à four préchauffé à 180°C/ th. 4, ou jusqu'à ce que le gâteau soit souple au toucher. Laissez un peu refroidir, puis démoulez et placez sur une grille. Quand le gâteau est tout à fait froid, coupez-le dans le sens de l'épaisseur.

3 Pour faire la crème au chocolat, mettez la crème fraîche dans une casserole et portez à ébullition en remuant. Ajoutez le chocolat et remuez jusqu'à ce qu'il soit fondu et bien mélangé. Retirez du feu et laissez refroidir. Mélangez avec une cuillère en bois jusqu'à ce que la crème s'épaississe.

4 Reformez le gâteau, avec la crème entre les deux tranches, et mettez-le sur une grille.

5 Pour faire le glaçage, faites fondre le chocolat et le beurre en remuant pour mélanger. Ajoutez le lait et le sucre glace au fouet. Fouettez encore quelques minutes jusqu'à ce que le glaçage soit refroidi. Étalez-le sur le dessus et les côtés du gâteau avec une palette. Décorez avec les caraques en chocolat et laissez prendre.

Ganache au chocolat

*La ganache, divin mélange de chocolat et de crème fraîche, est utilisée pour garnir
et décorer ce riche gâteau au chocolat et en faire ainsi le rêve des amoureux du chocolat.*

Pour 10 à 12 personnes

INGRÉDIENTS

175 g de beurre
175 g de sucre en poudre
4 œufs, légèrement battus
200 g de farine avec poudre levante
  incorporée
1 cuil. à soupe de cacao en poudre

50 g de chocolat noir, fondu

GANACHE
450 ml de crème fraîche épaisse
375 g de chocolat noir, cassé en
  morceaux

POUR LA FINITION
200 g de chocolat à pâtisser

1 Beurrez légèrement un moule rond à bords amovibles de 20 cm et tapissez le fond de papier cuisson. Travaillez le beurre et le sucre jusqu'à ce que le mélange soit mousseux et clair. Ajoutez les œufs petit à petit en remuant. Tamisez ensemble la farine et le cacao. Ajoutez au mélange, puis incorporez le chocolat fondu.

2 Versez dans le moule et lissez la surface. Faites cuire 40 minutes à four préchauffé à 180°C/ th. 4, ou jusqu'à ce que le gâteau soit souple au toucher. Laissez refroidir 5 minutes, puis démoulez et placez sur une

grille. Quand le gâteau est froid, coupez-le en deux dans le sens de l'épaisseur.

3 Pour faire la ganache, versez la crème fraîche dans une casserole et portez à ébullition en remuant. Ajoutez le chocolat et remuez jusqu'à ce qu'il soit fondu et bien mélangé. Versez dans une terrine et fouettez pendant 5 minutes ou jusqu'à ce que la ganache soit mousseuse et refroidie.

4 Gardez un tiers de la ganache. Utilisez le reste pour fourrer le gâteau et napper le dessus et les côtés.

5 Faites fondre le chocolat à pâtisser et étalez-le sur une grande feuille de papier cuisson. Laissez-le durcir légèrement. Coupez-le en bandes un peu plus larges que la hauteur du gâteau. Disposez ces bandes autour du gâteau en les faisant légèrement se chevaucher.

6 Mettez le reste de la ganache dans une poche à douille et faites des gouttes ou des coquilles sur tout le dessus du gâteau. Mettez au frais pendant 1 heure.

Bûche de Noël

*C'est bien sûr le gâteau de Noël traditionnel en France. C'est un gâteau roulé au chocolat,
fourré et enrobé d'une riche crème au beurre au chocolat absolument délicieuse.*

Pour 8 à 10 personnes

INGRÉDIENTS

GÂTEAU
4 œufs
100 g de sucre en poudre
75 g de farine avec poudre levante
   incorporée
2 cuil. de cacao en poudre

CRÈME
150 g de chocolat noir
2 jaunes d'œuf
150 ml de lait
125 g de beurre
50 g de sucre glace
2 cuil. à soupe de rhum (facultatif)

DÉCORATION
Un peu de glaçage blanc, simple
   ou royal
Sucre glace pour saupoudrer
Houx ou décorations de Noël

1 Beurrez et tapissez de papier cuisson un moule bas de 30 x 23 cm. Dans une terrine, battez les œufs et le sucre en poudre au batteur électrique pendant 10 minutes, ou jusqu'à ce que le mélange soit très clair et mousseux et que le fouet laisse une trace. Incorporez la farine et le cacao tamisés. Versez dans le moule et faites cuire 12 minutes à four préchauffé à 200°C/ 400°F/ th. 6, ou jusqu'à ce que le gâteau soit souple au toucher. Démoulez et placez sur du papier cuisson saupoudré de sucre en poudre. Enlevez le papier du fond et taillez les bords. Faites une petite entaille au milieu du gâteau à environ 1 cm d'une des largeurs. En commençant par ce bout, roulez en renfermant le papier. Mettez le gâteau sur une grille pour le laisser refroidir.

2 Pour faire la crème, cassez le chocolat en morceaux et faites-le fondre sur une casserole d'eau chaude, ajoutez les jaunes d'œuf, puis le lait, en battant au fouet. Faites chauffer, sans cesser de remuer, jusqu'à ce que cette crème soit assez épaisse pour napper une cuillère en bois. Travaillez le beurre et le sucre pour qu'ils soient mousseux, ajoutez-y la crème et le rhum. Déroulez le biscuit, étalez dessus un tiers de la crème et roulez à nouveau. Étalez le reste de la crème sur la bûche en marquant à la fourchette pour imiter l'écorce. Laissez prendre. Avec une douille, faites des cercles de glaçage blanc pour simuler les ronds de la bûche. Saupoudrez de sucre glace et décorez.

Gâteau à la truffe au chocolat

Un biscuit au chocolat, moelleux, surmonté d'une préparation de truffe au chocolat :
un gâteau à faire craquer les fous de chocolat.

Pour 12 personnes

INGRÉDIENTS

75 g de beurre
75 g de sucre en poudre
2 œufs, légèrement battus
75 g de farine avec poudre levante
  incorporée
1/2 cuil. à café de levure chimique
25 g de cacao en poudre
50 g de poudre d'amandes

GARNITURE À LA TRUFFE
350 g de chocolat noir
100 g de beurre
300 ml de crème fraîche épaisse
75 g de miettes de gâteau ordinaire
3 cuil. à soupe de rhum

DÉCORATION
Groseilles à maquereau
50 g de chocolat noir, fondu

1 Beurrez légèrement un moule rond à bords amovibles de 20 cm et tapissez le fond de papier cuisson. Battez ensemble le beurre et le sucre pour obtenir un mélange léger et mousseux. Ajoutez peu à peu les œufs en battant.

2 Tamisez la farine, la levure et le cacao en poudre et incorporez à la préparation avec la poudre d'amandes. Versez dans le moule et faites cuire 20 à 25 minutes à four préchauffé à 180°C/ th. 4, ou jusqu'à ce que le biscuit soit

souple au toucher. Laissez un peu refroidir, puis démoulez et placez le biscuit sur une grille pour qu'il finisse de refroidir. Lavez et essuyez le moule et remettez-y le gâteau.

3 Pour faire la garniture, faites chauffer le chocolat, le beurre et la crème fraîche dans une casserole à fond épais, remuez jusqu'à ce que le mélange soit lisse. Laissez refroidir, puis mettez au frais 30 minutes. Battez bien avec une cuillère en bois et mettez au frais 30 minutes de plus. Battez à nouveau la

préparation et ajoutez les miettes de gâteau et le rhum, mélangez bien. Étalez-la à la cuillère sur le gâteau et mettez au frais 3 heures.

4 Pendant ce temps, plongez les groseilles à maquereau dans le chocolat fondu pour les enrober partiellement. Laissez durcir sur du papier cuisson. Placez le gâteau sur le plat de service et décorez avec les groseilles à maquereau.

Gâteau à la truffe au chocolat blanc

Une riche truffe au chocolat blanc bien crémeuse et un fond de biscuit léger
font de ce gâteau un dessert d'exception.

Pour 12 personnes

INGRÉDIENTS

2 œufs
50 g de sucre en poudre
50 g de farine tous usages
50 g de chocolat blanc fondu

GARNITURE À LA TRUFFE
300 ml de crème fraîche épaisse
350 g de chocolat blanc cassé en morceaux
250 g de Quark ou de fromage blanc

DÉCORATION
Chocolat noir, au lait ou blanc, fondu
Cacao en poudre, à saupoudrer

1 Beurrez un moule rond à bords amovibles de 20 cm et tapissez le fond de papier cuisson. Dans une terrine, fouettez les œufs et le sucre pendant 10 minutes ou jusqu'à ce que le mélange soit très léger et mousseux et que le fouet laisse une trace pendant quelques secondes quand on le relève. Tamisez la farine et incorporez-la avec une cuillère en métal. Incorporez le chocolat blanc fondu. Versez dans le moule et faites cuire 25 minutes à four préchauffé à 180°C/ th. 4, ou jusqu'à ce que le gâteau soit souple au toucher. Laissez un peu refroidir, puis placez le gâteau sur une grille. Quand le gâteau est complètement froid, remettez-le dans le moule.

2 Pour faire la garniture, mettez la crème fraîche dans une casserole et portez à ébullition en remuant, pour qu'elle ne prenne pas au fond. Baissez la température et ajoutez les morceaux de chocolat blanc, remuez pour faire fondre et mélanger. Retirez du feu et laissez refroidir presque complètement, sans cesser de remuer. Ajoutez le Quark ou fromage blanc, remuez. Versez le mélange sur le gâteau et mettez au frais 2 heures. Retirez le gâteau du moule et placez-le sur le plat de service.

3 Pour faire de gros copeaux de chocolat, versez le chocolat fondu sur un marbre ou une planche en acrylique et étalez une fine couche avec une palette. Laissez prendre à température ambiante. À l'aide d'une raclette, soulevez le chocolat à un angle de 25° jusqu'à former un gros copeau. Enlevez chaque copeau au fur et à mesure et mettez-le au frais pour faire durcir. Décorez le gâteau de ces copeaux de chocolat et saupoudrez avec un peu de cacao en poudre.

Vacherin au chocolat et aux framboises

Un vacherin est formé de couches croustillantes de meringue intercalées de fruits et de crème.
C'est un gâteau merveilleux pour les grandes occasions.

Pour 10 à 12 personnes

INGRÉDIENTS

3 blancs d'œuf
175 g de sucre en poudre
1 cuil. à café de farine de maïs
25 g de chocolat noir, râpé

GARNITURE
175 g de chocolat noir
450 ml de crème fraîche épaisse,
battue

350 g de framboises fraîches
un peu de chocolat fondu pour décorer

1 Dessinez 3 rectangles de 10 x 25 cm sur du papier cuisson et posez-les sur une plaque pour le four.

2 Dans une terrine, battez les blancs d'œuf en neige ferme et ajoutez peu à peu la moitié du sucre. Continuez à battre jusqu'à ce que le mélange soit ferme et brillant.

3 Incorporez avec précaution, à l'aide d'une cuillère en métal ou une spatule le reste du sucre, la farine de maïs et le chocolat râpé.

4 Mettez la meringue dans une poche à douille munie d'un embout uni de 1 cm et faites des lignes en travers des rectangles.

5 Faites cuire 1 heure ½ à four préchauffé à 140°C/ th. 1, intervertissez les plaques à mi-cuisson. Éteignez le four sans ouvrir, laissez les meringues refroidir dans le four, puis décollez le papier.

6 Pour la garniture, faites fondre le chocolat et étalez-le sur 2 des couches de meringue, laissez durcir.

7 Mettez une meringue couverte de chocolat sur un plat et recouvrez-la d'un tiers de la crème et des framboises. Avec précaution, mettez la seconde meringue au chocolat dessus et étalez la moitié de la crème et des framboises restantes.

8 Mettez la dernière meringue au-dessus et décorez avec le reste de crème et de framboises. Terminez par un filet de chocolat fondu sur le dessus et servez.

Vacherin aux fruits exotiques

Couches de meringue intercalées d'une riche crème au chocolat et garnies de fruits exotiques.
Préparez-le à l'avance, mais garnissez-le au dernier moment.

Pour 10 à 12 personnes

INGRÉDIENTS

6 blancs d'œuf
275 g de sucre en poudre
75 g de noix de coco séchée râpée

GARNITURE
90 g de chocolat noir, cassé en
  morceaux
3 jaunes d'œuf
3 cuil. à soupe d'eau

1 cuil. à soupe de rhum (facultatif)
50 g de sucre en poudre
450 ml de crème fraîche épaisse
sélection de fruits exotiques, coupés
  en tranches ou en petits morceaux

1 Tracez 3 cercles de 20 cm sur du papier cuisson et placez-les sur une plaque pour le four.

2 Battez les blancs en neige ferme, puis ajoutez petit à petit la moitié du sucre en continuant à fouetter pour que le mélange soit épais et brillant. Incorporez délicatement le reste du sucre et la noix de coco.

3 Transférez le mélange dans une poche à douille munie d'un embout cannelé et recouvrez les cercles de spirales. Faites cuire 1 heure ½ à four préchauffé à 140°C/ th. 1,

intervertissez les plaques à mi-cuisson. Éteignez le four sans ouvrir la porte, laissez les meringues refroidir dans le four, puis décollez le papier.

4 Pour faire la garniture, mettez les morceaux de chocolat, les jaunes d'œuf, l'eau, le rhum et le sucre dans une petite terrine sur une casserole d'eau frémissante. Faites chauffer à feu doux en remuant pour faire fondre le chocolat et épaissir le mélange. Couvrez d'un rond de papier cuisson et laissez refroidir.

5 Fouettez la crème fraîche et incorporez-en ⅔ au mélange

chocolaté. Mettez cette crème entre les couches de meringue. Mettez le reste de la crème fraîche dans une poche à douille munie d'un embout cannelé et décorez le tour de la meringue. Disposez les fruits exotiques au centre.

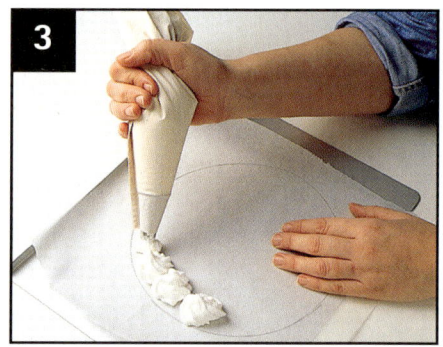

Petits gâteaux & Biscuits

Ce chapitre renferme des délices quotidiens pour les amateurs de chocolat. Vous serez sans aucun doute tenté(e) par la gamme fantastique de nos petits gâteaux et biscuits. Agrémentez chaque journée d'un petit biscuit au chocolat fait maison, à servir avec le café, à grignoter ou pour accompagner un dessert sortant de l'ordinaire. Bien que certains soient un peu plus longs à réaliser que d'autres, la plupart sont simples et rapides. Souvent, la décoration n'est pas compliquée, mais vous pouvez toujours vous laisser emporter si cela vous dit !

Vous trouverez des recettes anglo-saxonnes traditionnelles comme les muffins aux pépites de chocolat, les cookies aux pépites de chocolat, les papillons au chocolat et les brownies au chocolat bien collant. Il y a aussi de nouvelles recettes de biscuits et petits gâteaux pour exciter vos papilles. Essayez les carrés de chocolat et noix de coco ou les triangles maltés au chocolat. Pour terminer, en administrant le traitement " chocolat " à quelques recettes traditionnelles, nous les avons transformées en délices pour gourmands de chocolat : essayez donc les scones au chocolat ou encore les flapjacks aux pépites de chocolat.

Boîtes en chocolat

Vos invités croiront que vous avez passé des heures dans la cuisine pour préparer ces délectables boîtes en chocolat, mais grâce à quelques trucs (en achetant un gâteau tout fait par exemple) elles peuvent se faire en un rien de temps.

Pour 4 boîtes

INGRÉDIENTS

225 g de chocolat noir
environ 225 g de gâteau tout fait,
   au chocolat ou nature

2 cuil. à soupe de confiture d'abricots
150 ml de crème fraîche épaisse
1 cuil. à soupe de sirop d'érable

100 g de fruits frais préparés
(petites fraises, framboises, kiwis
ou groseilles)

1 Faites fondre le chocolat noir et étalez-le sur une grande feuille de papier cuisson. Laissez durcir dans une pièce fraîche.

2 Quand le chocolat est juste pris, coupez-le en carrés de 5 cm de côté et décollez-le du papier. Assurez-vous que vos mains sont aussi froides que possible et manipulez au minimum.

3 Coupez deux dés de 5 cm de côté dans le gâteau et coupez chaque dé en deux. Faites chauffer la confiture d'abricots et badigeonnez-en les côtés des dés. Collez délicatement un carré de chocolat sur chacun des 4 côtés, de manière à obtenir 4 boîtes en chocolat avec un morceau de gâteau au fond. Mettez au frais 20 minutes.

4 Fouettez la crème fraîche avec le sirop d'érable, jusqu'à ce qu'elle soit ferme. Mettez un peu de ce mélange dans les boîtes avec une cuillère ou une douille.

5 Décorez le dessus de chaque boîte avec les fruits préparés. Vous pouvez, si vous voulez, plonger les fruits dans du chocolat fondu et les laisser refroidir avant de les mettre dans les boîtes.

MON CONSEIL

Pour obtenir un bon résultat, gardez les boîtes bien au frais, remplissez-les et décorez-les juste avant de servir.

Enveloppes crémières au chocolat

Un biscuit léger au chocolat enveloppe une garniture à la crème fraîche.
Ces gâteaux individuels peuvent aussi être servis en dessert.

Pour 6 à 8 enveloppes

INGRÉDIENTS

2 œufs
50 g de sucre en poudre
50 g de farine tous usages

1$\frac{1}{2}$ cuil. de cacao en poudre
4 cuil. à soupe de confiture d'abricots

150 ml de crème fraîche épaisse,
    fouettée
sucre glace pour saupoudrer

1 Tapissez de papier cuisson
2 plaques pour le four. Fouettez
les œufs et le sucre jusqu'à ce que le
mélange soit mousseux et blanchâtre
et que le fouet laisse une trace quand
on le relève.

2 Tamisez ensemble la farine
et le cacao. Incorporez-les
délicatement au mélange œufs/sucre,
avec une cuillère en métal ou une
spatule, en formant un huit.

3 Déposez une cuillerée bombée
de la préparation sur les plaques
et formez des ovales. Ils doivent être
bien espacés, car ils s'étaleront à la
cuisson.

4 Faites cuire 6 à 8 minutes à four
préchauffé à 220°C/ th. 7, ou
jusqu'à ce qu'ils soient souples au
toucher. Laissez refroidir sur les plaques.

5 Quand les biscuits sont refroidis,
faites-les glisser sur un linge
humide, laissez-les jusqu'à ce qu'ils
soient complètement froids, puis retirez
le papier humidifié. Étalez la confiture
sur le côté plat des gâteaux et disposez
la crème à la cuillère ou à la douille en
travers de chaque enveloppe.

6 Pliez les enveloppes en deux et
disposez-les sur un plat de service.
Saupoudrez d'un peu de sucre glace et
servez.

VARIANTE

Incorporez 4 cuil. à café de crème de
menthe ou 50 g de chocolat fondu à la
crème pour créer une variante fabuleuse
de cette crème fraîche.

Petits cakes au chocolat avec glaçage au chocolat blanc

Une version différente de la recette traditionnelle :
petits et grands adoreront ces somptueux petits gâteaux.

Pour 18 coupes

INGRÉDIENTS

100 g de beurre, ramolli
100 g de sucre en poudre
2 œufs, légèrement battus
50 g de pépites de chocolat noir

2 cuil. à soupe de lait
150 g de farine avec poudre levante
   incorporée
25 g de cacao en poudre

GLAÇAGE
225 g de chocolat blanc
150 g de fromage frais allégé

1 Posez des caissettes en papier plissé sur une plaque pouvant contenir 18 petits cakes.

2 Battez ensemble le beurre et le sucre jusqu'à ce que le mélange soit mousseux et blanchâtre. Mélangez les œufs petit à petit. Ajoutez un peu de farine si le mélange commence à cailler. Ajoutez le lait et incorporez les pépites de chocolat.

3 Tamisez ensemble la farine et le cacao et incorporez-les avec une cuillère en métal ou une spatule.

Répartissez le mélange entre les caissettes et lissez la surface.

4 Faites cuire 20 minutes à four préchauffé à 180°C/ th. 4, ou jusqu'à ce qu'ils soient bien levés et souples au toucher. Laissez-les refroidir sur une grille.

5 Pour le glaçage, faites fondre le chocolat et laissez-le un peu refroidir. Battez le fromage frais pour le ramollir un peu et ajoutez-y le chocolat fondu. Étalez un peu de ce glaçage sur chaque cake et

mettez au frais une heure avant de servir.

VARIANTE

Mettez des pépites de chocolat blanc ou des noix de pecan hachées à la place des pépites de chocolat noir, si vous préférez. Vous pouvez aussi ajouter le zeste d'une orange finement râpé pour obtenir un parfum chocolat et orange.

Babas au rhum au chocolat

Un peu délicats à faire, mais ils en valent la peine. Laissez-vous tenter par ces savoureux gâteaux pour accompagner le café, par exemple, ou si, comme moi, vous voulez les servir en dessert, servez-les avec des fruits rouges.

Pour 4 babas

INGRÉDIENTS

100 g de farine renforcée tous usages
25 g de cacao en poudre
un sachet de 6 g de levure de
    boulangerie express
Une pincée de sel
15 g de sucre en poudre
40 g de chocolat noir, râpé
2 œufs

3 cuil. à soupe de lait tiède
50 g de beurre, fondu

SIROP
4 cuil. à soupe de miel liquide
2 cuil. à soupe d'eau
4 cuil. à soupe de rhum

POUR SERVIR
Crème fouettée
Cacao en poudre, à saupoudrer
Fruits de saison (facultatif)

1 Huilez légèrement 4 moules à babas individuels. Dans une grande terrine chauffée, tamisez ensemble la farine et le cacao. Ajoutez la levure, le sel, le sucre et le chocolat râpé, mélangez. Battez les œufs, ajoutez le lait et le beurre et mélangez bien.

2 Faites un puits au milieu des ingrédients, et versez-y le mélange à l'œuf. Remuez pour obtenir une pâte lisse. Battez pendant 10 minutes, si possible au batteur électrique avec un crochet. Répartissez le mélange entre les moules ; ils doivent être remplis à moitié.

3 Posez-les sur une plaque pour le four et recouvrez d'un linge humide. Laissez dans un endroit chaud jusqu'à ce que la pâte arrive presque en haut des moules. Faites cuire 15 minutes à four préchauffé à 200°C/ th. 6.

4 Pour faire le sirop, mettez tous les ingrédients dans une petite casserole à feu doux. Démoulez les babas et placez-les sur une grille, au-dessus d'un plateau qui recueillera le sirop. Arrosez les babas de sirop et attendez au moins 2 heures que le sirop pénètre. Arrosez les babas une ou deux fois avec le sirop qui a coulé dans le plateau.

5 Remplissez le centre de crème fouettée et saupoudrez d'un peu de cacao. Servez les babas avec des fruits de saison, si vous le désirez.

Pavés au chocolat sans cuisson

Ces petits pavés sont pratiques à avoir au réfrigérateur, au cas où des visiteurs arriveraient à l'improviste. Les enfants aimeront s'initier ainsi à la pâtisserie au chocolat.

Pour 16 pavés

INGRÉDIENTS

275 g de chocolat noir
175 g de beurre
4 cuil. à soupe de sirop de sucre roux
2 cuil. à soupe de rhum (facultatif)

175 g de gâteaux secs (genre petit-beurre)
25 g de riz soufflé grillé
50 g de noix ou noix de pecan hachées

100 g de cerises confites, grossièrement hachées
25 g de chocolat blanc pour décorer

1 Dans une grande terrine, mettez le chocolat noir, le beurre, le sirop et le rhum. Placez-la au-dessus d'une casserole d'eau juste frémissante. Remuez jusqu'à ce que les ingrédients soient fondus et mélangés.

2 Cassez les gâteaux secs en petits morceaux et mélangez-les à la préparation, avec le riz soufflé, les noix et les cerises.

3 Tapissez un moule à gâteau carré de 18 cm de côté avec du papier cuisson. Versez le mélange dans le moule et lissez la surface en la tassant avec le dos d'une cuillère. Mettez au frais pendant 2 heures.

4 Pour décorer, faites fondre le chocolat blanc et laissez couler un filet sur le gâteau. Laissez durcir. Pour servir, retirez du moule avec précaution, enlevez le papier et coupez en 16 carrés.

MON CONSEIL

Conservez deux semaines au réfrigérateur dans une boîte hermétique.

VARIANTE

Vous pouvez utiliser du cognac ou de la liqueur d'orange à la place du rhum, si vous le désirez. Le cherry donne aussi de bons résultats.

VARIANTE

Pour avoir un parfum de noix de coco, remplacez le riz par de la noix de coco séchée râpée et ajoutez de la liqueur de noix de coco.

Papillons au chocolat

Ces petits cakes fourrés de crème acidulée au citron
réjouiront petits et grands.

Pour 12 papillons

INGRÉDIENTS

125 g de margarine
125 g de sucre en poudre
150 g de farine avec poudre levante
  incorporée
2 gros œufs

2 cuil. à soupe de cacao en poudre
25 g de chocolat noir, fondu

CRÈME AU BEURRE AU CITRON
100 g de beurre doux, ramolli

225 g de sucre glace, tamisé
le zeste d'un demi-citron
1 cuil. à soupe de jus de citron
sucre glace pour saupoudrer

1 Posez 12 caissettes de papier plissé sur une plaque à petits cakes. Mettez tous les ingrédients pour les cakes, sauf le chocolat fondu, dans une grande terrine et mélangez au batteur électrique jusqu'à ce que la préparation soit lisse. Ajoutez le chocolat.

2 Divisez la préparation entre les caissettes, qui doivent être aux trois-quarts pleines. Faites cuire 15 minutes à four préchauffé à 180°C/ th. 4, ou jusqu'à ce que les cakes soient souples au toucher. Placez sur une grille pour refroidir.

3 Pour faire la crème au beurre au citron, travaillez le beurre dans une terrine jusqu'à ce qu'il soit mousseux, ajoutez peu à peu le sucre glace, puis le zeste et le jus de citron. Mélangez bien.

4 Quand les cakes sont froids, coupez le haut avec un couteau à dents et coupez chaque rond en deux.

5 Mettez de la crème sur chaque gâteau coupé et enfoncez les deux moitiés du rond dans la crème

pour former des ailes. Saupoudrez de sucre glace.

VARIANTE

Pour faire une crème au beurre
au chocolat, mélangez le beurre et
le sucre glace, puis ajoutez 25 g
de chocolat noir fondu.

Brownies au chocolat bien collant

*Tout le monde aime les brownies au chocolat, et ceux-ci sont particulièrement collants
et délicieux à la fois. Impossible d'y résister !*

Pour 9 brownies

INGRÉDIENTS

100 g de beurre doux
175 g de sucre en poudre
75 g de sucre brun
125 g de chocolat noir

1 cuil. à soupe de sirop de sucre roux
2 œufs
1 cuil. à café d'extrait de vanille ou
de chocolat

100 g de farine tous usages
2 cuil. à soupe de cacao en poudre
½ cuil. à café de levure chimique

1 Beurrez légèrement un moule bas carré de 20 cm de côté et tapissez le fond de papier cuisson.

2 Dans une casserole à fond épais, sur feu doux, mettez le beurre, les sucres, le chocolat noir et le sirop de sucre roux, en remuant délicatement jusqu'à ce que le mélange soit lisse et homogène. Retirez du feu et laissez refroidir.

3 Battez ensemble les œufs et le parfum, ajoutez la préparation refroidie au chocolat.

4 Tamisez ensemble la farine, le cacao et la levure, incorporez-les délicatement au mélange œufs/chocolat avec une cuillère en métal ou une spatule.

5 Mettez la préparation dans le moule et faites cuire 25 minutes à four préchauffé à 180°C/ th. 4, ou jusqu'à ce que la surface soit croustillante et que les bords commencent à se détacher du moule. L'intérieur du gâteau lui, sera toujours consistant et mou au toucher.

6 Laissez refroidir complètement dans le moule, coupez en morceaux, et servez.

MON CONSEIL

Vous pouvez envelopper soigneusement ce gâteau et le conserver 2 mois au congélateur. Décongelez 2 heures à température ambiante ou une nuit au réfrigérateur.

Brownies au fondant au Chocolat

Les brownies au chocolat sont très populaires. Ici, nous avons une recette de brownies traditionnelle,
avec un ruban de fromage frais au centre et un délicieux glaçage de fondant au chocolat en guise de nappage.

Pour 16 brownies

INGRÉDIENTS

200 g de fromage frais allégé
1/2 cuil. à café d'extrait de vanille
2 œufs
250 g de sucre en poudre

100 g de beurre
3 cuil. à soupe de cacao en poudre
100 g de farine avec poudre levante
   incorporée, tamisée
50 g de noix de pecan hachées

GLAÇAGE AU FONDANT
50 g de beurre
1 cuil. à soupe de lait
100 g de sucre glace
2 cuil. à soupe de cacao en poudre
noix de pecan pour décorer (facultatif)

1 Beurrez légèrement un moule bas carré de 20 cm de côté et tapissez le fond de papier cuisson.

2 Mélangez ensemble le fromage, la vanille et 25 g de sucre en poudre, jusqu'à ce que le mélange soit lisse, et mettez de côté.

3 Travaillez les œufs et le reste du sucre en poudre jusqu'à l'obtention d'un mélange blanchâtre et mousseux. Mettez le beurre et le cacao dans une petite casserole à feu doux, en remuant jusqu'à ce que le mélange soit homogène. Versez-le sur les œufs et le sucre, mélangez. Incorporez la farine et les noix de pecan.

4 Versez la moitié de cette préparation dans le moule et lissez la surface. Étalez délicatement le fromage frais dessus, puis recouvrez du reste de la préparation. Faites cuire 40 à 45 minutes à four préchauffé à 180°C/ th. 4. Laissez refroidir dans le moule.

5 Pour le glaçage, faites fondre le beurre dans le lait. Mélangez-y le sucre glace et le cacao. Étalez ce glaçage sur le gâteau et décorez de noix de pecan si vous en utilisez. Laissez prendre le glaçage, puis coupez en carrés et servez.

VARIANTE

Omettez le fromage si vous préférez.
Remplacez les noix de pecan par des noix.

Muffins aux pépites de chocolat

Les muffins sont toujours populaires et ils sont faciles à faire. Je fais des mini-muffins pour mes jeunes enfants. Ce sont des bouchées parfaites pour les goûters d'anniversaire.

Pour 12 muffins

INGRÉDIENTS

100 g de margarine
225 g de sucre en poudre
2 gros œufs

150 ml de yaourt nature entier
5 cuil. à soupe de lait
275 g de farine tous usages

1 cuil. à café de bicarbonate de soude
175 g de pépites de chocolat noir

1 Posez des caissettes de papier plissé sur une plaque pour 12 muffins.

2 Dans une grande terrine, battez la margarine et le sucre avec une cuillère en bois, jusqu'à obtenir un mélange léger et mousseux. Ajoutez les œufs, le yaourt et le lait et mélangez bien.

3 Tamisez ensemble la farine et le bicarbonate de soude et ajoutez à la préparation. Remuez jusqu'à ce que les ingrédients soient à peine mélangés.

4 Ajoutez les pépites de chocolat et répartissez la préparation entre les caissettes. Faites cuire 25 minutes à four préchauffé à 190°C/ th. 5, ou jusqu'à ce qu'une fine broche enfoncée au centre ressorte propre. Laissez-les refroidir 5 minutes sur la plaque, puis placez-les sur une grille pour qu'ils finissent de refroidir.

VARIANTE

Cette préparation peut aussi être utilisée pour faire 6 gros muffins ou 24 mini-muffins. Faites cuire les mini-muffins 10 minutes ou jusqu'à ce qu'ils soient souples au toucher.

VARIANTE

Pour faire des muffins au chocolat et à l'orange, ajoutez le zeste râpé d'une orange et remplacez le lait par du jus d'orange frais.

Scones au chocolat

*Une pâte à scones ordinaire est transformée en un plaisir pour gourmands de chocolat,
tout simplement en lui ajoutant des pépites de chocolat.*

Pour 9 scones

INGRÉDIENTS

225 g de farine avec poudre levante
  incorporée, tamisée
60 g de beurre

1 cuil. à soupe de sucre en poudre
50 g de pépites de chocolat
environ 150 ml de lait

1 Beurrez légèrement une plaque pour le four. Mettez la farine dans une terrine, coupez le beurre en petits morceaux et pétrissez du bout des doigts jusqu'à l'obtention d'une masse sableuse.

2 Ajoutez le sucre et les pépites de chocolat. Mélangez.

3 Ajoutez assez de lait pour obtenir une pâte souple.

4 Étendez la pâte sur une surface légèrement farinée et formez un rectangle de 10 x 15 cm et d'environ 2,5 cm d'épaisseur. Coupez la pâte en 9 carrés.

5 Mettez les scones bien espacés sur la plaque pour le four.

6 Badigeonnez avec un peu de lait et faites cuire 10 à 12 minutes à four préchauffé à 220°C/ th. 7, ou jusqu'à ce que les scones soient levés et dorés.

MON CONSEIL

*Les scones sont meilleurs quand
ils sont juste faits et servis tièdes.
Coupez-les en deux, étalez dessus
de la pâte à tartiner au chocolat
et aux noisettes et ajoutez une
bonne dose de crème fouettée.*

VARIANTE

*Utilisez des pépites de
chocolat noir, blanc ou
au lait, ou un mélange des trois.
Si vous préférez des scones ronds, coupez-
les avec un emporte-pièce de 5 cm.*

Pains au chocolat

Cette pâtisserie est un peu délicate à faire mais, quand vous goûtez cette pâte feuilletée légère renfermant un fabuleux cœur de chocolat, vous comprenez que cela en valait la peine.

Pour 12 pains

INGRÉDIENTS

450 g de farine renforcée
½ cuil. à café de sel
6 g de levure de boulangerie express
25 g de matière grasse végétale
  blanche

1 œuf, légèrement battu
225 ml d'eau tiède
175 g de beurre, ramolli

100 g de chocolat noir, coupé en
  12 carrés
œuf battu pour dorer
sucre glace pour saupoudrer

1 Beurrez légèrement une plaque pour le four. Dans une terrine, tamisez la farine et le sel et mélangez-y la levure. Ajoutez la matière grasse et pétrissez du bout des doigts. Ajoutez l'œuf et assez d'eau pour obtenir une pâte souple. Pétrissez environ 10 minutes pour que la pâte soit souple et élastique.

2 Étendez-en un rectangle de 37,5 x 20 cm. Partagez le beurre en trois et étalez-en 1/3 sur les 2/3 du rectangle en laissant une petite bordure.

3 Pliez le rectangle en 3 en commençant par le côté sans beurre. Fermez les bords en appuyant avec un rouleau. Déplacez la pâte d'un quart de tour pour que les bords fermés soient en haut et en bas. Étendez et pliez à nouveau (sans ajouter de beurre), puis enveloppez et mettez au frais 30 minutes.

4 Répétez les points 2 et 3 jusqu'à ce que tout le beurre soit utilisé et en mettant au frais à chaque fois. Étendez et pliez encore deux fois sans beurre. Pour la dernière fois, mettez au frais 30 minutes.

5 Étendez la pâte en un rectangle de 45 x 30 cm. Alignez les bords et coupez-en deux dans le sens de la longueur. Coupez chaque moitié en 6 et badigeonnez avec l'œuf battu. Placez un carré de chocolat à un bout de chaque rectangle et roulez pour faire un boudin. Fermez les bouts et disposez, ouverture en-dessous, sur la plaque. Couvrez et laissez lever 40 minutes dans un endroit chaud. Badigeonnez avec l'œuf et faites cuire 20 à 25 minutes à four préchauffé à 220°C/ th. 7, jusqu'à ce qu'ils soient dorés. Laissez refroidir sur une grille. Servez chauds ou froids.

Tartelettes aux pépites de chocolat

Ces délicieuses petites tartelettes remporteront un vif succès auprès des enfants.
Servez-les en dessert ou pour un goûter sortant de l'ordinaire.

Pour 6 tartelettes

INGRÉDIENTS

50 g de noisettes grillées
150 g de farine tous usages
1 cuil. à soupe de sucre glace
75 g de margarine

GARNITURE
2 cuil. à soupe de farine de maïs
1 cuil. à soupe de cacao en poudre
1 cuil. à soupe de sucre en poudre
300 ml de lait demi-écrémé

3 cuil. à soupe de pâte à tartiner au
chocolat et noisettes
25 g de pépites de chocolat noir
25 g de pépites de chocolat au lait
25 g de pépites de chocolat blanc

1 Pulvérisez les noisettes au mixeur. Ajoutez la farine, la cuillerée de sucre et la margarine. Mixez quelques secondes pour obtenir une masse sableuse. Ajoutez 2 à 3 cuillerées d'eau et mixez jusqu'à ce que la pâte soit souple. Couvrez et mettez 10 minutes au congélateur.

2 Étendez la pâte et recouvrez 6 moules à tartelettes à fond amovible de 10 cm. Piquez le fond à la fourchette et tapissez de papier aluminium légèrement froissé. Faites cuire 15 minutes à four préchauffé à 200°C/ th. 6. Enlevez le papier aluminium et cuisez encore 5 minutes pour que les tartelettes soient fermes et dorées. Retirez du four et laissez refroidir.

3 Délayez la farine de maïs, le cacao et le sucre avec suffisamment de lait pour obtenir une pommade. Ajoutez le reste du lait, mélangez. Versez dans une casserole et faites cuire à feu doux en remuant, jusqu'à ce que le mélange s'épaississe. Ajoutez la pâte à tartiner au chocolat et aux noisettes.

4 Mélangez les pépites de chocolat et gardez-en un quart. Ajoutez la moitié des pépites restantes à la crème, couvrez de papier sulfurisé humide. Quand la crème est presque froide, ajoutez l'autre moitié des pépites de chocolat. Versez la préparation à la cuillère dans les tartelettes et laissez refroidir. Décorez en répartissant les pépites que vous avez gardées sur le dessus.

Éclairs au chocolat

Traditionnellement, les éclairs sont garnis de crème pâtissière, mais si vous êtes à court de temps,
vous pouvez les garnir de crème fouettée.

Pour environ 10 éclairs

INGRÉDIENTS

PÂTE À CHOUX
150 ml d'eau
60 g de beurre, en dés
90 g de farine renforcée tous usages,
   tamisée
2 œufs

CRÈME PÂTISSIÈRE
2 œufs, légèrement battus
50 g de sucre en poudre
2 cuil. à soupe de farine de maïs
300 ml de lait
1/4 cuil. à café d'extrait de vanille

GLAÇAGE
25 g de beurre
1 cuil. à soupe de lait
1 cuil. à soupe de cacao en poudre
100 g de sucre glace
un peu de chocolat blanc, fondu

1 Beurrez légèrement une plaque pour le four. Mettez l'eau dans une casserole, ajoutez le beurre, faites fondre à feu doux. Portez à ébullition et retirez du feu. Ajoutez la farine d'un seul coup, en mélangeant bien jusqu'à ce que la préparation se détache des bords de la casserole et forme une boule. Laissez un peu refroidir, ajoutez les œufs un à un pour que le mélange soit lisse et brillant et mettez-le dans une poche à douille munie d'un embout uni de 1 cm.

2 Faites tomber quelques gouttes d'eau sur la plaque. Formez des rubans de 7,5 cm bien espacés. Faites cuire 30 à 35 minutes à four préchauffé à 200°C/ th. 6, ou jusqu'à ce que les éclairs soient fermes et dorés. Pratiquez une fente dans chacun, pour faire échapper la vapeur, et laissez refroidir sur une grille.

3 Pour faire la crème pâtissière, fouettez les œufs et le sucre jusqu'à ce que le mélange soit épais et crémeux, puis incorporez la farine de maïs. Portez le lait à quasi-ébullition et versez sur le mélange en fouettant. Transférez dans la casserole et faites

épaissir à feu doux. Retirez du feu et ajoutez le parfum. Couvrez de papier cuisson et laissez refroidir. Pour faire le glaçage, dans une casserole, faites fondre le beurre dans le lait, retirez du feu et mélangez-y le cacao et le sucre. Fendez les éclairs en deux dans le sens de la longueur et garnissez de crème pâtissière. Étalez le glaçage sur l'éclair. Versez le chocolat blanc, faites un motif et laissez prendre.

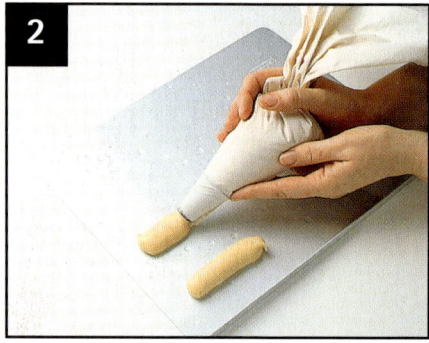

Meringues au chocolat

Ces meringues qui fondent dans la bouche peuvent être servies au dessert ou à l'heure du thé. Pour un buffet,
faites des mini-meringues et empilez-les : ces bouchées formeront une pyramide magique sur votre table.

Pour 8 meringues

INGRÉDIENTS

4 blancs d'œuf
225 g de sucre en poudre
1 cuil. à café de farine de maïs
40 g de chocolat noir, râpé

POUR GARNIR
100 g de chocolat noir
150 ml de crème fraîche épaisse
1 cuil. à soupe de sucre glace

1 cuil. à soupe de cognac (facultatif)

1 Tapissez 2 plaques pour le four de papier cuisson. Battez les blancs en neige ferme. Ajoutez la moitié du sucre en fouettant jusqu'à ce que le mélange soit très ferme et brillant.

2 Incorporez délicatement à l'aide d'une cuillère en métal ou d'une spatule le reste du sucre, la farine de maïs et le chocolat râpé.

3 Versez dans une poche à douille munie d'un grand embout uni ou cannelé et disposez de petits tas sur les plaques.

4 Faites cuire environ 1 heure à four préchauffé à 140°C/ th. 1 en intervertissant les plaques à mi-cuisson. Éteignez le four sans l'ouvrir et laissez les meringues refroidir dans le four. Quand elles sont froides, retirez le papier cuisson avec précaution.

5 Faites fondre le chocolat noir, étalez le sur le fond des meringues. Posez-les à l'envers sur une grille pour faire prendre le chocolat. Fouettez la crème fraîche, le sucre glace et le cognac jusqu'à ce que la crème soit ferme. Mettez-la dans une poche à douille et placez-la en sandwich entre deux meringues. Servez.

VARIANTE

Pour faire des mini-meringues, prenez une douille cannelée et faites environ 24 petites rosaces. Mettez au four environ 40 minutes, jusqu'à ce qu'elles soient fermes.

Palmiers au chocolat et aux noisettes

Ces délicieux biscuits au chocolat et aux noisettes sont très simples à réaliser,
et pourtant, ils font leur effet. Pour les très jeunes enfants, omettez les noisettes.

Pour environ 26 palmiers

INGRÉDIENTS

375 g de pâte feuilletée prête à l'emploi	8 cuil. à soupe de pâte à tartiner au chocolat et à la noisette	50 g de noisettes hachées grillées 25 g de sucre en poudre

1 Beurrez légèrement une plaque pour le four. Étendez la pâte feuilletée au rouleau sur une surface légèrement farinée pour former un rectangle d'environ 37,5 cm x 23 cm.

2 Étalez la pâte à tartiner sur la pâte avec une palette et répartissez les noisettes hachées dessus.

3 Roulez une des longueurs de la pâte jusqu'au centre, puis faites la même chose avec l'autre côté. Humectez les bords de ces deux rouleaux à la jointure, pour les faire coller. Coupez en fines tranches avec un couteau tranchant. Disposez chaque tranche sur la plaque et aplatissez un peu avec une palette. Saupoudrez de sucre en poudre.

4 Faites cuire 10 à 15 minutes à four préchauffé à 220°C/ th. 7 pour qu'ils soient dorés. Laissez refroidir sur une grille.

MON CONSEIL

Les palmiers peuvent être servis froids, mais ils sont aussi délicieux servis chauds.

MON CONSEIL

Ces biscuits peuvent être congelés 3 mois dans une boîte rigide.

VARIANTE

Pour avoir un parfum chocolat supplémentaire, recouvrez la moitié de chaque palmier en le plongeant dans du chocolat noir fondu.

Carrés de chocolat et noix de coco

Ces biscuits consistent en une couche de noix de coco moelleuse sur un fond croustillant
de biscuits au chocolat. Coupez en carrés et servez.

Pour 9 carrés

INGRÉDIENTS

225 g de biscuits sablés recouverts
   de chocolat noir
75 g de beurre ou margarine
1 boîte de 170 g de lait concentré sucré
1 œuf battu

1 cuil. à café d'extrait de vanille
25 g de sucre en poudre
50 g de farine avec poudre levante
   incorporée, tamisée

125 g de noix de coco séchée râpée
50 g de chocolat noir (facultatif)

1 Beurrez un moule bas carré de
20 cm de côté et tapissez le fond
de papier cuisson.

2 Écrasez les biscuits dans un sac
en plastique avec un rouleau à
pâtisserie ou au mixeur.

3 Faites fondre le beurre ou la
margarine dans une casserole et
ajoutez les biscuits écrasés. Mélangez bien.

4 Tassez au fond du moule.

5 Mélangez ensemble le lait
concentré sucré, l'œuf, la vanille

et le sucre jusqu'à l'obtention d'un
mélange lisse. Ajoutez la farine et la
noix de coco, remuez. Versez sur le
fond de biscuits et lissez la surface.

6 Faites cuire 30 minutes à four
préchauffé à 190°C/ th. 5, ou
jusqu'à ce que la noix de coco soit
ferme et à peine dorée.

7 Laissez environ 5 minutes dans
le moule et coupez en carrés.
Laissez refroidir entièrement dans
le moule.

8 Retirez les carrés avec précaution
et mettez-les sur un plat. Faites

fondre le chocolat noir et arrosez les
carrés pour les décorer. Laissez durcir
le chocolat avant de servir.

MON CONSEIL

Conservez ces biscuits 4 jours dans une
boîte hermétique. Ils peuvent être congelés,
sans décoration, pendant 2 mois.
Décongelez à température ambiante.

Cookies au chocolat et à la noix de coco

Le chocolat et la noix de coco s'allient parfaitement dans ces merveilleux biscuits fondants.
Ils sont décorés d'un simple glaçage onctueux et d'un soupçon de noix de coco.

Pour environ 24 cookies

INGRÉDIENTS

125 g de margarine
1 cuil. à café d'extrait de vanille
90 g de sucre glace, tamisé
125 g de farine tous usages

2 cuil. à soupe de cacao en poudre
50 g de noix de coco séchée râpée
25 g de beurre

100 g de guimauves blanches
25 g de noix de coco séchée râpée
un peu de chocolat noir, fondu

1 Beurrez légèrement une plaque pour le four. Dans une terrine, travaillez la margarine, la vanille et le sucre glace, jusqu'à ce que le mélange soit léger et mousseux. Tamisez ensemble la farine et le cacao, ajoutez au mélange ainsi que la noix de coco.

2 Roulez en boule des cuillerées à café bombées de ce mélange et posez-les sur la plaque, en laissant de la place pour que les biscuits s'étalent à la cuisson.

3 Aplatissez légèrement les boules et faites cuire 13 à 15 minutes à four préchauffé à 180°C/ th. 4 pour qu'ils soient juste fermes.

4 Laissez les biscuits quelques minutes sur la plaque et placez-les sur une grille pour qu'ils finissent de refroidir.

5 Faites fondre le beurre et les guimauves dans une petite casserole à feu doux et remuez pour bien mélanger. Étalez un peu de ce glaçage sur les biscuits et trempez-les dans la noix de coco. Laissez prendre. Décorez les cookies avec un peu de chocolat fondu et laissez durcir avant de servir.

MON CONSEIL

Conservez ces cookies environ une semaine dans une boîte hermétique. Vous pouvez aussi les congeler, sans décoration, pendant 2 mois.

Bouchées croustillantes au chocolat

*Très populaire auprès des enfants, cette version des bouchées croustillantes
a été adaptée pour en faire à coup sûr un franc succès.*

Pour 16 bouchées

INGRÉDIENTS

COUCHE CLAIRE
50 g de beurre
1 cuil. à soupe de sirop de sucre roux
150 g de chocolat blanc

50 g de riz soufflé grillé

COUCHE FONCÉE
50 g de beurre

2 cuil. à soupe de sirop de sucre roux
125 g de chocolat noir, cassé en
    morceaux
75 g de riz soufflé grillé

1 Beurrez un moule carré de
20 cm de côté et tapissez de
papier cuisson.

2 Pour faire la couche au chocolat
blanc, faites fondre le beurre, le
sirop de sucre roux et le chocolat dans
une terrine placée sur une casserole
d'eau juste frémissante.

3 Retirez du feu et ajoutez le riz
soufflé. Remuez pour bien
mélanger.

4 Tassez la préparation dans le
moule et lissez la surface.

5 Pour faire la couche au chocolat
noir, faites fondre le beurre, le
sirop de sucre roux et le chocolat noir
dans une terrine placée sur une casserole
d'eau juste frémissante.

6 Retirez du feu et ajoutez le riz
soufflé, remuez pour que les
grains soient bien enrobés. Versez cette
couche au chocolat noir sur la couche au
chocolat blanc durcie et faites prendre
au frais. Démoulez et coupez en carrés
avec un couteau tranchant.

MON CONSEIL

*Ces bouchées peuvent se faire 4 jours à
l'avance. Conservez-les dans un récipient
fermé au réfrigérateur.*

Macarons hollandais

Ces biscuits inhabituels sont délicieux avec un café.
Ils sont également parfaits au dessert servis avec de la glace.

Pour environ 20 macarons

INGRÉDIENTS

Du papier de riz	225 g de sucre en poudre	225 g de chocolat noir
2 blancs d'œuf	175 g d'amandes en poudre	

1 Couvrez 2 plaques pour le four de papier de riz. Dans une grande terrine, battez les blancs en neige ferme et incorporez le sucre et les amandes en poudre.

2 Mettez ce mélange dans une poche à douille muni d'un embout uni de 1 cm et formez des rubans d'environ 7,5 cm, en les espaçant pour permettre à la préparation de s'étaler à la cuisson.

3 Faites cuire 15 à 20 minutes à four préchauffé à 180°C/ th. 4 pour qu'ils soient dorés. Placez sur une grille et laissez refroidir. Enlevez le papier qui dépasse.

4 Faites fondre le chocolat et trempez un bout de chaque biscuit dedans. Mettez les macarons sur une feuille de papier cuisson et laissez durcir.

5 Arrosez avec un filet du chocolat qui vous reste et laissez durcir avant de servir.

MON CONSEIL

Le papier de riz est comestible, vous pouvez donc déchirer uniquement ce qui dépasse des macarons, mais si vous préférez, vous pouvez l'enlever complètement avant de tremper les macarons dans le chocolat.

VARIATION

Les macarons sont généralement préparés à base d'amandes mais on peut aussi utiliser differentes sortes de noix ou des noisettes en poudre.

Cookies au chocolat et à l'orange

Ce sont de délicieux biscuits au chocolat, avec un glaçage à l'orange légèrement acidulé, qui fondent dans la bouche. Les enfants les adorent, surtout si vous utilisez des emporte-pièce de formes différentes.

Pour environ 30 cookies

INGRÉDIENTS

75 g de beurre, ramolli
75 g de sucre en poudre
1 œuf

1 cuil. à soupe de lait
225 g de farine tous usages
25 g de cacao en poudre

GLAÇAGE
175 g de sucre glace, tamisé
3 cuil. à soupe de jus d'orange
un peu de chocolat noir, fondu

1 Tapissez 2 plaques pour le four de papier cuisson.

2 Travaillez le beurre et le sucre jusqu'à ce que le mélange soit léger et mousseux. Ajoutez l'œuf et le lait et mélangez bien. Tamisez ensemble la farine et le cacao et ajoutez peu à peu à la préparation pour obtenir une pâte souple. Finissez de mélanger la farine avec vos mains pour bien lier.

3 Étendez la pâte sur une surface légèrement farinée pour qu'elle ait 6 mm d'épaisseur. Découpez autant de cookies que vous le pouvez avec un emporte-pièce cannelé rond de 5 cm de diamètre.

4 Disposez sur les plaques et faites cuire 10 à 12 minutes à four préchauffé à 180°C/ th. 4, ou jusqu'à ce que les cookies soient juste dorés.

5 Laissez-les refroidir quelques minutes sur les plaques, puis placez-les sur une grille pour qu'ils finissent de refroidir.

6 Pour faire le glaçage, mettez le sucre glace dans une terrine et ajoutez assez de jus d'orange pour que le glaçage nappe le dos d'une cuillère.

Étalez sur les cookies et laissez prendre. Arrosez d'un filet de chocolat fondu et laissez durcir avant de servir.

Pavés au chocolat et au caramel

Il est difficile de dire " non " à ces biscuits merveilleusement riches, confectionnés avec
un fond croustillant, une garniture de caramel crémeux et un nappage au chocolat.

Pour 16 pavés

INGRÉDIENTS

100 g de margarine
50 g de sucre roux
125 g de farine tous usages
40 g de flocons d'avoine

GARNITURE AU CARAMEL
25 g de beurre
25 g de sucre roux
1 boîte de 200 g de lait concentré sucré

NAPPAGE
100 g de chocolat noir
25 g de chocolat blanc (facultatif)

1 Dans une terrine, travaillez le beurre et le sucre roux pour obtenir un mélange léger et mousseux. Incorporez la farine et les flocons d'avoine. Mélangez avec les mains si nécessaire pour bien lier.

2 Tassez la préparation au fond d'un moule bas carré de 20 cm de côté.

3 Faites cuire 25 minutes à four préchauffé à 180°C/ th. 4, ou jusqu'à ce que le biscuit soit juste doré et ferme.

4 Placez les ingrédients de la garniture au caramel dans une casserole à feu doux, remuez jusqu'à ce que le sucre soit fondu et tous les ingrédients mélangés. Amenez lentement à ébullition et laissez bouillir 2 à 3 minutes, en remuant constamment pour épaissir.

5 Versez cette garniture au caramel sur le fond de biscuit et laissez prendre dans le moule.

6 Faites fondre le chocolat noir et étalez-le sur le caramel. Si vous utilisez aussi le chocolat blanc, faites-le fondre et formez de fins rubans de chocolat blanc sur le chocolat noir. À l'aide d'un cure-dents, faites des nervures de chocolat blanc dans le chocolat noir. Laissez prendre, coupez en carrés et servez.

MON CONSEIL

Vous pouvez, si vous le désirez, tapisser le moule de papier cuisson pour sortir le gâteau avant de le couper en carrés.

Flapjacks aux pépites de chocolat

Donnez de la fantaisie à ces biscuits ordinaires au müesli en leur ajoutant des pépites de chocolat. Cette recette emploie des pépites de chocolat noir, mais vous pouvez les remplacer par des pépites de chocolat blanc ou au lait, si vous le désirez.

Pour 12 flapjacks

INGRÉDIENTS

125 g de beurre
75 g de sucre en poudre

1 cuil. à soupe de sirop de sucre roux
350 g de flocons d'avoine

75 g de pépites de chocolat noir
50 g de raisins de Smyrne

1 Beurrez légèrement un moule bas carré de 20 cm de côté.

2 Dans une casserole à feu doux, faites chauffer le beurre, le sucre et le sirop de sucre roux, en remuant pour que le beurre et le sucre soient fondus et le mélange homogène.

3 Retirez la casserole du feu et ajoutez les flocons d'avoine, remuez pour bien enrober. Ajoutez les pépites de chocolat et les raisins de Smyrne, mélangez bien.

4 Versez dans le moule et tassez.

5 Faites cuire 30 minutes à four préchauffé à 180°C/ th. 4. Laissez un peu refroidir et tracez des rectangles. Quand le biscuit est presque froid, coupez en rectangles ou en carrés et laissez-les refroidir sur une grille.

MON CONSEIL

Ces flapjacks peuvent se conserver 1 semaine dans une boîte hermétique, mais ils sont si délicieux qu'ils risquent fort de ne pas durer aussi longtemps !

VARIANTE

Pour un flapjack vraiment hors du commun, remplacez une partie des flocons d'avoine par des noix ou noisettes hachées, ou des graines de tournesol, et ajoutez un peu plus de fruits secs.

Cookies aux pépites de chocolat

Tout bon pâtissier spécialiste du chocolat doit avoir à son répertoire une recette de cookies aux pépites de chocolat.
Il ne fait aucun doute que celle-ci sera fort appréciée, car elle peut servir de base à plusieurs variantes.

Pour environ 8 cookies

INGRÉDIENTS

175 g de farine tous usages
1 cuil. à café de levure chimique
125 g de margarine

90 g de sucre roux
60 g de sucre en poudre
1/2 cuil. à café d'extrait de vanille

1 œuf
125 g de pépites de chocolat noir

1 Beurrez légèrement 2 plaques pour le four.

2 Mélangez tous les ingrédients dans une grande terrine.

3 Déposez des cuillerées de la préparation sur les plaques en prévoyant de la place pour qu'elle s'étale à la cuisson.

4 Faites cuire 10 à 12 minutes à four préchauffé à 190°C/ th. 5, ou jusqu'à ce que les cookies soient dorés.

5 Placez les cookies sur une grille à l'aide d'une palette et laissez-les refroidir.

VARIANTES

Pour des cookies au chocolat et aux noisettes, ajoutez 40 g de noisettes hachées à la préparation de base.

Pour des cookies au chocolat double, incorporez 40 g de chocolat noir fondu.

Pour des cookies aux pépites de chocolat blanc, remplacez les pépites de chocolat noir par des pépites de chocolat blanc.

VARIANTES

Pour des cookies au cocktail de chocolat, dans la préparation de base, utilisez des pépites de chocolat noir, au lait et blanc.

Pour des cookies aux pépites de chocolat noir et à la noix de coco, ajoutez 25 g de noix de coco séchée râpée à la préparation de base.

Pour des cookies aux pépites de chocolat noir et aux raisins, ajoutez 40 g de raisins secs à la préparation de base.

Sablé au chocolat

*Ce sablé au beurre au chocolat trouve tout à fait sa place
dans la boîte à gâteaux de tout amateur de chocolat.*

Pour 12 sablés

INGRÉDIENTS

175 g de farine tous usages
1 cuil. à soupe de cacao en poudre

50 g de sucre en poudre
150 g de beurre, ramolli

50 g de chocolat noir, coupé en petits
morceaux

1 Beurrez légèrement une plaque
pour le four.

2 Mélangez tous les ingrédients dans
une grande terrine pour obtenir une
pâte homogène. Pétrissez légèrement.

3 Placez la pâte sur la plaque,
étendez et appuyez pour former
un cercle de 20 cm de diamètre.

4 Pincez les bords avec les doigts
pour avoir une jolie bordure.
Piquez la pâte avec une fourchette sur
toute sa surface et marquez 12 parts
avec un couteau tranchant.

5 Faites cuire 40 minutes à four
préchauffé à 160°C/ th. 3, ou

jusqu'à ce que le sablé soit ferme et
doré. Laissez un peu refroidir avant
de couper en morceaux. Placez-les
sur une grille et laissez-les refroidir.

VARIANTE

*Pour faire des biscuits sablés ronds, étendez
la pâte sur une épaisseur de 8 mm sur une
surface légèrement farinée. Découpez des
ronds de 7,5 cm avec un emporte-pièce.
Placez sur une plaque beurrée et faites
cuire comme indiqué ci-dessus. Vous
pouvez, si vous le désirez, recouvrir la
moitié du biscuit de chocolat fondu.*

VARIANTE

*La pâte sablée peut être tassée
dans un moule à sablé, puis être
démoulée sur la plaque
avant la cuisson.*

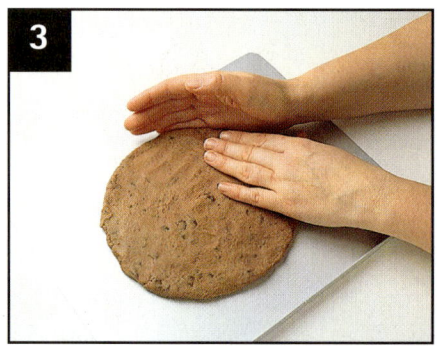

Triangles maltés au chocolat

Ils sont parfaits pour accompagner une boisson du soir. Mais vous pouvez bien sûr apprécier ces savoureux triangles à n'importe quel moment de la journée.

Pour 16 triangles

INGRÉDIENTS

100 g de beurre
2 cuil. à soupe de sirop de sucre roux
2 cuil. à soupe de boisson maltée au chocolat

225 g de biscuits au lait malté
75 g de chocolat noir ou au lait, cassé en morceaux

25 g de sucre glace
2 cuil. à soupe de lait

1 Beurrez un moule à gâteau rond ou un moule à tarte de 18 cm de diamètre et tapissez le fond de papier cuisson.

2 Dans une petite casserole, à feu doux, mettez le beurre, le sirop de sucre roux et la boisson maltée au chocolat, remuez pour faire fondre le beurre et bien mélanger.

3 Écrasez les biscuits dans un sac en plastique, avec un rouleau ou au mixeur, pour les réduire en miettes. Enrobez-les avec la préparation au chocolat.

4 Mettez la préparation dans le moule, tassez et mettez au réfrigérateur jusqu'à ce qu'elle soit ferme.

5 Mettez les morceaux de chocolat avec le sucre glace et le lait, dans une petite terrine résistant à la chaleur. Placez la terrine sur une casserole contenant de l'eau frémissante et remuez pour faire fondre le chocolat et bien le mélanger.

6 Étalez le glaçage au chocolat sur le fond de biscuits et laissez prendre dans le moule. Coupez en triangles avec un couteau tranchant avant de servir.

VARIANTE

Vous pouvez, si vous aimez, ajouter des noix de pecan hachées aux miettes de biscuits au point 3.

Damiers au chocolat

Les enfants adoreront ces biscuits au chocolat de deux couleurs.
Si le désordre ne vous fait pas peur, laissez-les vous aider à les " construire ".

Pour 18 biscuits environ

INGRÉDIENTS

175 g de beurre, ramolli
75 g de sucre glace

1 cuil. à café d'extrait de vanille ou
le zeste râpé d'une demi-orange

250 g de farine tous usages
25 g de chocolat noir, fondu
un petit peu de blanc d'œuf, battu

1 Beurrez légèrement une plaque pour le four. Dans une terrine travaillez le beurre et le sucre glace jusqu'à ce que le mélange soit léger et mousseux. Ajoutez la vanille ou le zeste d'orange.

2 Ajoutez la farine petit à petit pour former une pâte souple. Ajoutez le fond de farine et pétrissez avec vos mains pour obtenir une pâte bien homogène.

3 Partagez la pâte en deux parties égales et mélangez le chocolat fondu avec l'une des deux. En gardant les moitiés à part, couvrez et laissez reposer au frais 30 minutes.

4 Étalez chaque morceau de pâte en un rectangle de 7,5 x 20 cm et 3 cm d'épaisseur. Badigeonnez une moitié avec un peu de blanc d'œuf et posez l'autre moitié dessus.

5 Coupez le bloc de pâte en deux dans le sens de la longueur et retournez une des moitiés. Badigeonnez le côté d'une des bandes de blanc d'œuf et collez-lui l'autre bande de manière à former un damier.

6 Coupez le bloc en fines tranches et disposez chaque tranche à plat sur la plaque en laissant assez d'espace pour qu'elles puissent s'étaler pendant la cuisson.

7 Faites cuire environ 10 minutes à four préchauffé à 180°C/ th. 4 pour que les tranches soient fermes. Laissez quelques minutes sur la plaque avant de placer délicatement sur une grille avec une palette. Laisser refroidir complètement.

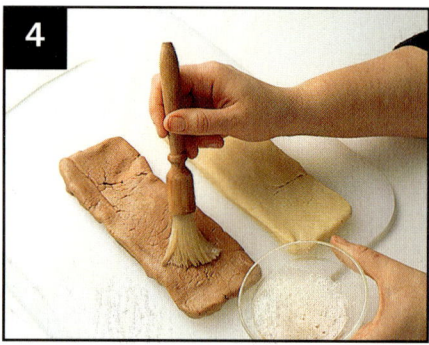

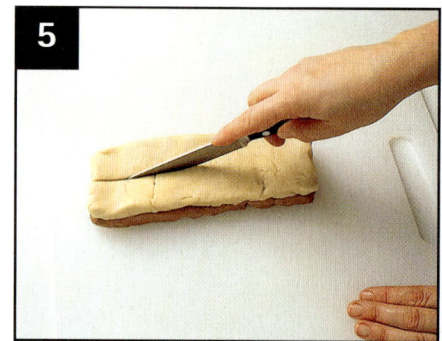

Palets viennois au chocolat

Ces biscuits sont fabuleusement légers et fondants. Vous pouvez les laisser nature,
mais pour une véritable gourmandise au chocolat, décorez-les en les trempant dans le chocolat.

Pour environ 18 biscuits

INGRÉDIENTS

125 g de beurre doux
75 g de sucre glace

175 g de farine avec poudre levante
incorporée, tamisée

25 g de farine de maïs
200 g de chocolat noir

1 Beurrez légèrement 2 plaques pour le four. Dans une terrine, mélangez le beurre et le sucre jusqu'à ce que le mélange soit léger et mousseux. Incorporez petit à petit la farine (de blé) et la farine de maïs.

2 Faites fondre 75 g du chocolat noir et ajoutez à la préparation.

3 Mettez dans une poche à douille munie d'un gros embout cannelé et disposez des rubans d'environ 5 cm sur les plaques, pas trop près les uns des autres, pour leur permettre de s'étaler.

4 Faites cuire 12 à 15 minutes à four préchauffé à 190°C/ th. 5. Laissez

les biscuits un moment sur les plaques, puis placez-les sur une grille à l'aide d'une palette, pour qu'ils finissent de refroidir.

5 Faites fondre le reste du chocolat et trempez un bout de chaque biscuit dans le chocolat en laissant couler tout surplus de chocolat dans la terrine.

6 Mettez les biscuits sur une feuille de papier cuisson et laissez durcir avant de servir.

MON CONSEIL

Si la pâte est trop dure pour la mettre
dans la douille, délayez avec
un peu de lait.

VARIANTE

Trempez le dessous de chaque biscuit
dans du chocolat fondu et laissez durcir.
Collez-les deux par deux avec un peu
de crème au beurre au milieu.

Bretzels au chocolat

Si vous croyez que les bretzels sont un mets salé, détrompez-vous.
Ceux-ci sont amusants à faire et prouvent que les bretzels peuvent aussi être sucrés.

Pour environ 30 bretzels

INGRÉDIENTS

100 g de beurre doux
100 g de sucre en poudre
1 œuf

225 g de farine tous usages
25 g de cacao en poudre

POUR LA FINITION
15 g de beurre
100 g de chocolat noir
sucre glace pour saupoudrer

1 Beurrez légèrement une plaque pour le four. Dans une terrine, travaillez le beurre et le sucre pour obtenir un mélange léger et mousseux. Ajoutez l'œuf, mélangez.

2 Tamisez ensemble la farine et le cacao en poudre et incorporez-les pour obtenir une pâte souple. Ajoutez le fond de farine et pétrissez avec les doigts pour bien agglomérer la pâte. Mettez au frais 15 minutes.

3 Tirez des morceaux de pâte et roulez-les en forme de saucisses d'environ 10 cm de long et 6 mm d'épaisseur. Tordez-les en forme de

bretzels en faisant un cercle, puis en repliant les bouts les uns devant les autres pour former la lettre " B ".

4 Disposez-les sur la plaque en prévoyant assez de place pour qu'ils s'étalent en cuisant.

5 Faites cuire de 8 à 12 minutes à four préchauffé à 190°C/ th. 5. Laissez-les un peu sur la plaque, puis placez-les sur une grille pour qu'ils finissent de refroidir.

6 Faites fondre le beurre et le chocolat dans une terrine placée sur une casserole d'eau frémissante, remuez.

7 Trempez la moitié de chaque bretzel dans le chocolat et laissez le surplus s'écouler dans la terrine. Disposez les bretzels sur une feuille de papier cuisson et laissez refroidir le chocolat.

8 Quand le chocolat est pris, saupoudrez la moitié qui n'a pas de chocolat avec du sucre glace. Servez.

Biscuits de froment au chocolat

*De bons biscuits de tous les jours. Ils se conservent bien pendant une semaine
dans une boîte hermétique. Trempez-les dans du chocolat noir, au lait ou blanc.*

Pour environ 20 biscuits

INGRÉDIENTS

75 g de beurre
100 g de sucre roux
1 œuf

25 g de germes de blé
125 g de farine complète avec poudre
levante incorporée

60 g de farine avec poudre levante
incorporée, tamisée
125 g de chocolat

1 Beurrez légèrement une plaque
pour le four. Battez le beurre
et le sucre pour obtenir un mélange
mousseux. Ajoutez l'œuf et mélangez
bien. Ajoutez les germes de blé et les
farines en remuant, puis pétrissez avec
les mains.

2 Roulez en boule des cuillerées
à café bombées du mélange et
disposez-les sur la plaque en espaçant
bien pour que les biscuits puissent
s'étaler à la cuisson.

3 Aplatissez les biscuits avec les
dents d'une fourchette. Faites
cuire 15 à 20 minutes à four préchauffé
à 180°C/ th. 4 pour qu'ils soient dorés.

Laissez-les quelques minutes sur la
plaque avant de les placer sur une grille
pour qu'ils finissent de refroidir.

4 Faites fondre le chocolat et
trempez chaque biscuit dans le
chocolat de manière à couvrir le fond
et un peu du tour. Laissez le surplus
s'écouler dans la terrine.

5 Disposez les biscuits sur une
feuille de papier cuisson et laissez
prendre dans un endroit frais avant de
servir.

MON CONSEIL

*Ces biscuits se congèlent très bien.
Congelez-les à la fin du point 3,
ils pourront se conserver 3 mois.
Décongelez et trempez-les dans
le chocolat fondu.*

Desserts chauds

Le chocolat apporte du réconfort à tout moment, mais jamais plus que quand on le sert sous forme de dessert chaud et fumant. Il est difficile d'imaginer quelque chose qui apporte plus de chaleur, de réconfort, de bien-être que le fait de tremper sa cuillère dans un pudding au fondant au chocolat bien chaud ou dans un soufflé au chocolat chaud. L'enfant qui sommeille en chacun de nous sera ravi par le chocolat ajouté aux bonnes vieilles recettes de son enfance comme le pudding au pain au chocolat. En fait, on trouvera plusieurs recettes traditionnelles mises à la sauce au chocolat, modernisées et placées au palmarès des amateurs de chocolat.

Quand vous aurez envie de quelque chose d'un peu plus recherché, essayez ces nouvelles recettes de paquets de crêpes au chocolat et aux pommes, ou la tarte au chocolat aux poires et aux amandes. Ou bien essayez le sabayon au chocolat : ce dessert chaud, crémeux et raffiné ne manquera pas d'exciter vos papilles !

Pour ajouter un peu de chaleur à votre quotidien, ce chapitre est plein à craquer de merveilles au chocolat, aux saveurs et consistances toutes différentes.

Pudding royal au chocolat

Une bonne vieille recette remise au goût du jour, ce pudding sera parfait
pour terminer un repas de famille sortant de l'ordinaire.

Pour 4 personnes

INGRÉDIENTS

50 g de chocolat noir
450 ml de lait aromatisé au chocolat

100 g de miettes fraîches de pain blanc
ou complet
125 g de sucre en poudre

2 œufs, blancs séparés des jaunes
4 cuil. à soupe de confiture de cerises
noires

1 Cassez le chocolat en petits morceaux et mettez-le dans une casserole avec le lait aromatisé au chocolat. Mettez à feu doux et remuez pour mélanger le chocolat. Amenez presque à ébullition et retirez du feu.

2 Dans une grande terrine, mettez les miettes de pain avec 25 g de sucre. Versez le lait au chocolat dessus et mélangez bien. Ajoutez les jaunes d'œuf et mélangez.

3 Versez dans une tourtière de 1,1 litre et faites cuire 25 à 30 minutes à four préchauffé à 180°C/ th. 4 pour que le pudding soit bien pris et ferme au toucher.

4 Battez les blancs d'œuf en neige ferme dans une grande terrine non grasse. Ajoutez petit à petit le reste du sucre en poudre en fouettant pour obtenir une meringue épaisse et brillante.

5 Étalez la confiture de cerises noires sur la surface du pudding et mettez la meringue dessus, avec une cuillère ou à la douille. Remettez le pudding au four pendant environ 15 minutes ou jusqu'à ce que la meringue soit croustillante et dorée.

VARIANTE

Si vous préférez, ajoutez
40 g de noix de coco séchée
râpée aux miettes de pain et omettez
la confiture.

Gâteau Ève au chocolat à la sauce au chocolat amer

Le gâteau Ève se fait généralement avec des pommes, mais ici, on y a ajouté des framboises et il est couvert d'un biscuit moelleux au chocolat blanc. Servi avec une sauce au chocolat amer, son goût est absolument divin.

Pour 4 personnes

INGRÉDIENTS

225 g de framboises fraîches ou
    surgelées
2 pommes à dessert épluchées,
    épépinées et grossièrement coupées
    en tranches
4 cuil. à soupe de confiture de
    framboises sans pépins
2 cuil. à soupe de porto (facultatif)

BISCUIT DE COUVERTURE
50 g de margarine
50 g de sucre en poudre
75 g de farine avec poudre levante
    incorporée, tamisée
50 g de chocolat blanc, râpé
1 œuf
2 cuil. à soupe de lait

SAUCE AU CHOCOLAT AMER
90 g de chocolat noir
150 ml de crème fraîche semi-épaisse

1 Mettez les tranches de pommes et les framboises dans un moule bas de 1,1 litre allant au four.

2 Mettez la confiture de framboises et le porto (si vous en employez) dans une petite casserole à feu doux pour faire fondre la confiture et la mélanger au porto. Versez sur les fruits.

3 Placez tous les ingrédients du biscuit de couverture dans une grande terrine et mélangez pour obtenir une pâte homogène.

4 Versez cette préparation sur les fruits et lissez la surface. Faites cuire 40 à 45 minutes à four préchauffé à 180°C/ th. 4, ou jusqu'à ce que le biscuit soit souple au toucher.

5 Pour faire la sauce, cassez le chocolat en petits morceaux et mettez-le avec la crème fraîche dans une casserole à fond épais. Faites chauffer doucement en battant jusqu'à ce que la sauce soit bien liée. Servez chaud avec le gâteau.

VARIANTE

Mettez du chocolat noir dans le biscuit, garnissez d'oreillons d'abricots et recouvrez d'eau-de-vie de pêches et de confiture d'abricots.

Mini-puddings au chocolat, au gingembre et à la crème anglaise au chocolat

Les puddings individuels ont toujours l'air plus professionnels et ils mettent moins longtemps à cuire.
Si vous n'avez pas de moules individuels, utilisez des tasses à thé.

Pour 4 personnes

INGRÉDIENTS

100 g de margarine
100 g de farine avec poudre levante incorporée, tamisée
100 g de sucre en poudre
2 œufs
25 g de cacao en poudre, tamisé

25 g de chocolat noir
50 g de gingembre confit

CRÈME ANGLAISE AU CHOCOLAT
2 jaunes d'œuf
1 cuil. à soupe de sucre en poudre

1 cuil. à soupe de farine de maïs
300 ml de lait
100 g de chocolat noir, cassé en morceaux
sucre glace pour saupoudrer

1 Beurrez légèrement 4 moules à pudding individuels. Dans une terrine, mélangez la margarine, la farine, le sucre, les œufs et le cacao, pour obtenir une pâte lisse. Coupez le chocolat et le gingembre et ajoutez-les au mélange.

2 Partagez la préparation entre les moules et lissez la surface. Les moules devraient être aux ³/₄ pleins. Couvrez-les de ronds de papier cuisson et recouvrez d'une feuille de papier

aluminium plissée. Faites cuire à la vapeur 45 minutes pour que les puddings soient cuits et souples au toucher.

3 Pendant ce temps, faites la crème anglaise. Travaillez les jaunes d'œuf, le sucre et la farine de maïs pour former une pommade. Faites bouillir le lait et versez-le sur le mélange. Mettez le tout dans la casserole et faites cuire à feu très doux en remuant, jusqu'à ce que le mélange s'épaississe. Retirez du feu et

ajoutez le chocolat, remuez jusqu'à ce qu'il soit fondu.

4 Retirez les puddings du cuiseur-vapeur, passez un couteau le long des bords et démoulez sur les assiettes. Saupoudrez de sucre glace et arrosez de crème anglaise au chocolat. Servez le reste de la crème séparément.

Pudding au pain au chocolat

Ce pudding traditionnellement servi aux enfants est adapté ici au goût du jour. La brioche donne un goût riche et agréable, mais cette recette donne aussi de bons résultats avec du pain de mie.

Pour 4 personnes

INGRÉDIENTS

225 g de brioche
15 g de beurre
50 g de pépites de chocolat noir

1 œuf
2 jaunes d'œuf
50 g de sucre en poudre

une boîte de 410 g de lait concentré sucré allégé

1 Coupez la brioche en fines tranches et tartinez un peu de beurre sur un côté de chaque tranche.

2 Mettez une couche de brioche, côté beurré dessous, au fond d'un plat pour le four. Parsemez quelques pépites de chocolat dessus.

3 Alternez les couches de brioche et de pépites au chocolat en terminant par une couche de brioche.

4 Mélangez l'œuf, les jaunes d'œuf et le sucre au fouet. Mettez le lait dans une petite casserole, faites-le juste frémir et versez-le peu à peu sur le mélange aux œufs en fouettant.

5 Versez cette crème sur le pudding et laissez reposer 5 minutes. Appuyez pour faire pénétrer la brioche dans le lait.

6 Mettez dans un plat à rôtir avec de l'eau bouillante arrivant à mi-hauteur du plat contenant le pudding (c'est ce qui s'appelle un *bain-marie*).

7 Faites cuire 30 minutes à four préchauffé à 180°C/ th. 4, ou jusqu'à ce que la crème soit prise. Laissez refroidir 5 minutes avant de servir.

MON CONSEIL

Ce pudding peut être préparé quelques heures à l'avance et cuit au dernier moment. Il est aussi bon froid.

VARIANTE

Pour avoir un pudding au chocolat double, faites chauffer le lait avec une cuillerée de cacao en poudre, en remuant jusqu'à ce qu'il soit dissous, et reprenez au point 4.

Pain perdu au chocolat

On n'est jamais rassasié de ce pain perdu au chocolat
servi avec un peu de crème fouettée et de sauce à la confiture de framboises.

Pour 4 à 6 personnes

INGRÉDIENTS

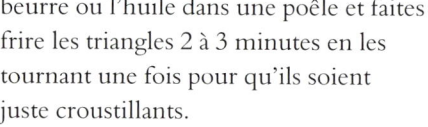

50 g de chocolat noir
150 ml de lait
1 œuf
4 cuil. à soupe de confiture de
   framboises sans pépins

2 cuil. à soupe de rhum (facultatif)
8 tranches épaisses de pain blanc
beurre ou huile pour faire frire
1/2 cuil. à café de cannelle en poudre

40 g de sucre en poudre
Un peu de crème fouettée pour servir

1 Cassez le chocolat en petits morceaux et mettez-le dans une petite casserole avec le lait. Faites chauffer doucement en remuant pour faire fondre le chocolat. Laissez refroidir un moment.

2 Battez l'œuf dans une grande terrine, ajoutez le lait au chocolat tiède et fouettez.

3 Mettez la confiture de framboises à feu doux et mélangez le rhum (si vous en employez). Gardez au chaud.

4 Enlevez la croûte du pain, coupez en triangles et trempez dans le mélange au chocolat. Faites chauffer le beurre ou l'huile dans une poêle et faites frire les triangles 2 à 3 minutes en les tournant une fois pour qu'ils soient juste croustillants.

5 Mélangez la cannelle et le sucre et saupoudrez-en le pain perdu. Servez avec la sauce à la confiture chaude et un peu de crème fraîche fouettée.

MON CONSEIL

Les jeunes enfants adorent ce dessert.
Coupez-le en languettes pour qu'il soit
plus facile à tenir.

VARIANTE

Si vous préférez, essayez cette recette avec de
la brioche nature ou aux raisins afin de
donner plus de goût.

Pudding au fondant au chocolat

Ce merveilleux pudding cuit à la vapeur, servi avec une sauce onctueuse au fondant au chocolat, est parfait
pour les jours d'hiver, et si vous avez un micro-onde, il peut se faire en un rien de temps.

Pour 6 personnes

INGRÉDIENTS

150 g de margarine
150 g de farine avec poudre levante
  incorporée
150 g de sirop de sucre roux
3 œufs
25 g de cacao en poudre

SAUCE AU FONDANT AU CHOCOLAT
100 g de chocolat noir
125 ml de lait concentré sucré
4 cuil. à soupe de crème fraîche épaisse

1 Beurrez légèrement un moule à pudding de 1,2 l.

2 Dans une terrine, mélangez tous les ingrédients du pudding pour obtenir une préparation bien homogène.

3 Versez dans le moule et lissez la surface. Couvrez avec un rond de papier cuisson et attachez une feuille de papier aluminium plissée autour du moule. Faites cuire 1 h ½ à 2 heures à la vapeur, jusqu'à ce que le pudding soit cuit et souple au toucher.

4 Pour faire la sauce, cassez le chocolat en petits morceaux et mettez-les dans une petite casserole avec le lait concentré sucré. Faites chauffer doucement, en remuant, pour faire fondre le chocolat.

5 Retirez la casserole du feu et ajoutez la crème fraîche.

6 Pour servir le pudding, démoulez-le sur le plat de service et arrosez-le avec un peu de la sauce au fondant au chocolat. Servez le reste de la sauce séparément.

MON CONSEIL

Pour cuire ce pudding au micro-onde, mettez-le 4 minutes, non couvert, sur Max. en tournant le moule une fois. Laissez refroidir au moins 5 minutes avant de démouler. Pendant que le pudding refroidit, faites la sauce. Cassez le chocolat en morceaux et mettez-le avec le lait dans un plat allant au micro-onde. Faites cuire 1 minute sur Max. et remuez pour faire fondre le chocolat. Ajoutez la crème fraîche et servez.

Crumble de fruits au chocolat

Un dessert très populaire, et l'adjonction de chocolat à sa croûte le fait apprécier encore plus.
Une bonne façon de faire manger des fruits aux enfants.

Pour 4 personnes

INGRÉDIENTS

400 g d'abricots en conserve dans
  leur jus
450 g de pommes à cuire, épluchées et
  grossièrement coupées en tranches

100 g de farine tous usages.
75 g de beurre
50 g de flocons d'avoine

50 g de sucre en poudre
100 g de pépites de chocolat

1 Graissez un plat allant au four avec un peu de beurre ou de margarine.

2 Égouttez les abricots en gardant 4 cuil. à soupe de jus. Mettez les pommes, les abricots et le jus d'abricot dans le plat et mélangez.

3 Tamisez la farine dans une terrine, coupez le beurre en petits dés et pétrissez du bout des doigts pour que le mélange ait une consistance sableuse. Ajoutez les flocons d'avoine, le sucre et les pépites de chocolat.

4 Saupoudrez ce mélange sur les pommes et les abricots et

aplanissez un peu la surface sans tasser.

5 Faites cuire 40 à 45 minutes à four préchauffé à 180°C/ th. 4, ou jusqu'à ce que la croûte soit dorée. Servez chaud ou froid.

MON CONSEIL

Dans cette recette, vous pouvez utiliser des pépites de chocolat noir, au lait ou blanc, ou bien un mélange des trois.

VARIANTE

Vous pouvez employer d'autres fruits pour ce crumble, des poires fraîches avec des framboises fraîches ou surgelées donnent un bon résultat. Si vous n'utilisez pas de fruits en conserve, ajoutez 4 cuil. de jus d'orange aux fruits frais.

VARIANTE

Pour un crumble au chocolat double, remplacez 1 ou 2 cuil. de farine par du cacao en poudre.

Poires pochées à la sauce au mascarpone et au chocolat

C'est un beau dessert très simple qui peut se servir chaud ou froid. Les poires peuvent être pochées deux jours à l'avance et être conservées au réfrigérateur dans leur jus de cuisson.

Pour 6 personnes

INGRÉDIENTS

6 poires mûres bien fermes
100 g de sucre en poudre
2 bâtons de cannelle

1 zeste d'orange
2 clous de girofle
1 bouteille de vin rosé

SAUCE AU CHOCOLAT
175 g de chocolat noir
250 g de fromage mascarpone
2 cuil. à soupe de liqueur à l'orange

1 Épluchez les poires en prenant soin de laisser la queue intacte.

2 Mettez le sucre, les bâtons de cannelle, le zeste d'orange, les clous de girofle et le vin dans une casserole juste assez grande pour contenir les poires.

3 Faites chauffer à feu doux jusqu'à dissolution du sucre et ajoutez les poires. Quand le liquide commence à frémir, couvrez et faites pocher doucement 20 minutes. Si vous voulez servir les poires froides, laissez-les refroidir dans le jus de cuisson et mettez-les au frais jusqu'à emploi. Pour servir chaud, laissez les poires dans le liquide chaud pendant que vous préparez la sauce au chocolat.

4 Pour faire la sauce, faites fondre le chocolat. Mélangez le fromage et la liqueur d'orange et incorporez au chocolat.

5 Retirez les poires du liquide et disposez-les sur l'assiette de service. Mettez une bonne cuillerée de sauce à côté de chaque poire et servez le reste à part.

MON CONSEIL

Il serait dommage de jeter le jus dans lequel les poires ont poché. Faites le bouillir rapidement dans une casserole propre pendant 10 minutes pour le réduire en sirop. Employez ce sirop pour arroser de la glace ou pour sucrer une salade de fruits frais.

MON CONSEIL

Si vous aimez, vous pouvez décorer ce dessert avec de petites rosaces de crème faites à la douille.

Pudding gourmand à la sauce au chocolat

*Dans cette recette, la préparation se sépare à la cuisson pour donner un biscuit moelleux
sur le dessus et une délicieuse sauce au chocolat au fond.*

Pour 4 personnes

INGRÉDIENTS

300 ml de lait
75 g de chocolat noir
½ cuil. à café d'extrait de vanille
100 g de sucre en poudre
100 g de beurre

150 g de farine avec poudre levante
  incorporée
2 cuil. à soupe de cacao en poudre
sucre glace pour saupoudrer

POUR LA SAUCE
3 cuil. à soupe de cacao en poudre
50 g de sucre roux
300 ml d'eau bouillante

1 Beurrez légèrement un plat de 850 ml allant au four.

2 Mettez le lait dans une petite casserole et ajoutez le chocolat cassé en morceaux. Mettez à feu doux en remuant pour faire fondre le chocolat. Laissez un peu refroidir et ajoutez la vanille.

3 Dans une terrine, mélangez le beurre et le sucre en poudre jusqu'à ce que le mélange soit léger et mousseux. Tamisez ensemble la farine et le cacao en poudre, ajoutez-les dans la terrine, ainsi que le lait au chocolat et mélangez au mixeur électrique, si vous en avez un, pour que la préparation soit bien homogène. Versez dans le plat pour le four.

4 Pour faire la sauce, mélangez le cacao en poudre et le sucre. Délayez avec un peu d'eau bouillante pour former une pommade lisse, puis ajoutez le reste de l'eau. Versez la sauce, sans mélanger, sur le pudding.

5 Posez le plat sur une plaque pour le four et faites cuire 40 minutes à four préchauffé à 180°C/ th. 4, ou jusqu'à ce que la surface soit sèche et souple au toucher. Laissez refroidir environ 5 minutes et saupoudrez d'un peu de sucre glace juste avant de servir.

VARIANTE

*Pour une sauce moka, ajoutez une cuil.
à soupe de café instantané au cacao
et au sucre au point 4 avant de délayer
avec l'eau bouillante.*

Couronne au fondant au chocolat et noix de pecan

*Bien qu'on puisse la servir froide comme un gâteau,
elle est absolument délicieuse servie chaude comme un pudding.*

Pour 6 personnes

INGRÉDIENTS

SAUCE AU FONDANT
40 g de beurre
40 g de sucre roux
4 cuil. à soupe de sirop de sucre roux
2 cuil. à soupe de lait
1 cuil. à soupe de cacao en poudre
40 g de chocolat noir

50 g de noix de pecan, finement hachées

BISCUIT
100 g de margarine
100 g de sucre roux

125 g de farine avec poudre levante incorporée
2 œufs
2 cuil. à soupe de lait
1 cuil. à soupe de sirop de sucre roux

1 Beurrez légèrement un moule en couronne de 20 cm.

2 Pour faire la sauce au fondant, mettez le beurre, le sucre, le sirop, le lait et le cacao en poudre dans une petite casserole et faites chauffer à feu doux, en remuant pour bien mélanger.

3 Cassez le chocolat en morceaux, ajoutez au mélange et remuez jusqu'à ce qu'il soit fondu. Ajoutez les noix de pecan. Versez au fond du moule et laissez refroidir.

4 Pour faire le biscuit, mettez tous les ingrédients dans une terrine et battez jusqu'à ce que le mélange soit homogène. Transférez délicatement cette préparation sur la sauce au fondant au chocolat.

5 Faites cuire 35 minutes à four préchauffé à 180°C/ th. 4, ou jusqu'à ce que le biscuit soit souple au toucher.

6 Laissez refroidir 5 minutes dans le moule, démoulez sur le plat de service et servez.

MON CONSEIL

Pour faire cette couronne au micro-onde, mettez le beurre, le sucre, le sirop, le lait et le cacao en poudre dans un récipient allant au micro-onde. Faites cuire 2 minutes sur Max. en remuant deux fois. Ajoutez le chocolat, remuez pour le faire fondre et ajoutez les noix de pecan. Versez dans un moule en couronne pour le micro-onde de 1,1 litre. Faites le biscuit et faites cuire 3 à 4 minutes sur Max. pour que le dessus soit juste sec. Laissez refroidir 5 minutes.

Tarte meringuée au chocolat

*Un fond de biscuits sablés, un centre de chocolat onctueux à souhait
et une meringue moelleuse au-dessus : comment ne pas céder à ce fabuleux dessert ?*

Pour 6 personnes

INGRÉDIENTS

225 g de biscuits sablés recouverts
   de chocolat noir
50 g de beurre

CENTRE
3 jaunes d'œuf
50 g de sucre en poudre
4 cuil. à soupe de farine de maïs
600 ml de lait
100 g de chocolat noir, fondu

MERINGUE
2 blancs d'œuf
100 g de sucre en poudre
$1/4$ de cuil. à café d'extrait de vanille

1 Mettez les biscuits sablés dans un sac en plastique, écrasez-les au rouleau et mettez-les dans une terrine. Faites fondre le beurre et mélangez bien aux miettes de biscuits. Tassez ce mélange au fond et sur les bords d'un moule à tarte de 23 cm.

2 Pour faire le centre, travaillez les jaunes d'œuf, le sucre en poudre et la farine de maïs pour former une pommade, en ajoutant un peu du lait si nécessaire. Faites chauffer le lait et, juste avant ébullition, versez-le lentement sur le mélange aux œufs en fouettant.

3 Remettez le mélange dans la casserole et faites épaissir à feu doux en fouettant constamment. Retirez du feu et ajoutez le chocolat fondu sans cesser de fouetter. Versez sur le fond de biscuits.

4 Pour faire la meringue, dans une grande terrine, battez les œufs en neige ferme. Ajoutez petit à petit environ les $2/3$ du sucre, battez jusqu'à ce que le mélange soit ferme et brillant. Incorporez délicatement le reste du sucre et l'extrait de vanille.

5 Étalez la meringue sur la tarte en formant des spirales avec le dos d'une cuillère pour la rendre encore plus appétissante. Faites cuire 30 minutes au milieu d'un four préchauffé à 170°C/ th. 3, ou jusqu'à ce que la meringue soit dorée. Servez chaud ou tiède.

Tarte aux pommes au chocolat

Ce fond de tarte au chocolat croustillant, facile à faire, est rempli d'une délicieuse garniture de pommes parsemées de pépites au chocolat. Il ne fait aucun doute que cette recette va devenir une des recettes préférées de la famille.

Pour 6 personnes

INGRÉDIENTS

FOND DE TARTE AU CHOCOLAT
4 cuil. à soupe de cacao en poudre
200 g de farine tous usages
2 jaunes d'œuf
100 g de beurre ramolli
50 g de sucre en poudre

quelques gouttes d'extrait de vanille
de l'eau froide pour mélanger

GARNITURE
750 g de pommes à cuire
25 g de beurre

½ cuil. à café de cannelle en poudre
50 g de pépites de chocolat noir
un peu de blanc d'œuf battu
½ cuil. à café de sucre en poudre
crème fouettée ou glace à la vanille
   pour servir

1 Pour faire la pâte à tarte, tamisez le cacao et la farine dans une terrine et incorporez le beurre avec les doigts pour obtenir une masse sableuse. Ajoutez le sucre, puis le jaune d'œuf, l'extrait de vanille et un peu d'eau pour obtenir une pâte élastique.

2 Étalez la pâte sur une surface légèrement farinée et recouvrez-en un moule à tarte haut de 20 cm de diamètre. Mettez au frais 30 minutes. Étalez les restes de pâte et découpez des feuilles pour décorer le dessus de la tarte.

3 Épluchez, épépinez et coupez les pommes en tranches épaisses. Mettez la moitié des tranches de pommes dans une casserole avec le beurre et la cannelle et faites-les ramollir à feu doux, en remuant de temps à autre.

4 Ajoutez les tranches de pommes crues, laissez un peu refroidir et ajoutez les pépites de chocolat. Piquez le fond de la tarte à la fourchette et remplissez du mélange aux pommes. Disposez les feuilles de pâte au-dessus. Badigeonnez les feuilles d'un peu de blanc d'œuf et saupoudrez de sucre en poudre.

5 Faites cuire 35 minutes à four préchauffé à 180°C/ th. 4, pour que le fond de tarte soit ferme. Servez tiède ou froid avec de la crème fouettée ou de la glace à la vanille.

Tarte amandine au chocolat et aux poires

Ce dessert particulièrement appétissant est constitué d'un fond de tarte garni de poires cuites,
dans un biscuit au chocolat parfumé aux amandes. Il est délicieux chaud ou froid.

Pour 6 personnes

INGRÉDIENTS

100 g de farine tous usages
25 g d'amandes en poudre
60 g de margarine en plaque
environ 3 cuil. à soupe d'eau

GARNITURE
400 g de demi-poires en conserve
   dans leur jus
50 g de beurre
50 g de sucre en poudre
2 œufs, battus
100 g d'amandes en poudre
2 cuil. à soupe de cacao en poudre
quelques gouttes d'extrait d'amandes
sucre glace pour saupoudrer

SAUCE AU CHOCOLAT
50 g de sucre en poudre
3 cuil. à soupe de sirop de sucre roux
100 ml d'eau
175 g de chocolat noir, cassé en
   morceaux
25 g de beurre

1 Beurrez légèrement un moule à tarte de 20 cm. Dans une terrine, tamisez la farine, ajoutez les amandes. Incorporez la margarine avec les doigts pour obtenir une masse sableuse. Ajoutez assez d'eau pour obtenir une pâte élastique. Couvrez et mettez au congélateur 10 minutes, puis étalez et recouvrez le moule. Piquez le fond et mettez au frais.

2 Pour la garniture, égouttez bien les poires. Travaillez le beurre et le sucre jusqu'à ce que le mélange soit léger et mousseux. Ajoutez les œufs, puis incorporez les amandes, le cacao en poudre et l'extrait. Étalez le mélange sur le fond de tarte et enfoncez légèrement les poires dessus. Faites cuire 30 minutes au milieu du four préchauffé à 200°C/ th. 6, ou jusqu'à ce que la garniture soit bien levée. Faites légèrement refroidir

et placez sur un plat de service si vous le désirez. Saupoudrez de sucre.

3 Pour faire la sauce, mettez le sucre, le sirop et l'eau dans une casserole. Chauffez doucement en remuant pour dissoudre le sucre. Laissez bouillir 1 minute. Retirez du feu, ajoutez le chocolat et le beurre, faites fondre en remuant. Servez avec la tarte.

Crêpes au chocolat et à la banane

Les crêpes ont été chocolatées pour confectionner ce fabuleux dessert, dont la richesse conclura parfaitement un dîner. Préparez-les à l'avance pour avoir tout le loisir de vous occuper de vos invités.

Pour 4 personnes

INGRÉDIENTS

3 grosses bananes
6 cuil. à soupe de jus d'orange
1 zeste d'orange râpé
2 cuil. à soupe de liqueur d'orange
   ou de banane

SAUCE AU CHOCOLAT CHAUDE
1 cuil. à soupe de cacao en poudre
2 cuil. à café de farine de maïs
3 cuil. à soupe de lait
40 g de chocolat noir
15 g de beurre
175 g de sirop de sucre roux
¼ de cuil. à café d'extrait de vanille

CRÊPES
100 g de farine tous usages
1 cuil. à soupe de cacao en poudre
1 œuf
1 cuil. à café d'huile de tournesol
300 ml de lait
huile, pour frire

1 Épluchez et tranchez les bananes, disposez-les dans un plat avec le zeste et le jus d'orange et la liqueur. Mettez de côté.

2 Mélangez le cacao et la farine de maïs et délayez avec le lait. Cassez le chocolat noir en morceaux et mettez dans une casserole à feu doux avec le beurre et le sirop de sucre roux. Remuez. Ajoutez le mélange au cacao et amenez lentement à ébullition, sans cesser de remuer. Laissez frémir 1 minute et retirez du feu. Ajoutez l'extrait de vanille.

3 Pour faire les crêpes, dans une terrine, tamisez ensemble la farine et le cacao. Faites un puits au milieu et mettez-y l'œuf et l'huile. Ajoutez le lait peu à peu, en mélangeant pour obtenir une pâte liquide et homogène. Faites chauffer un peu d'huile dans une crêpière et jetez le surplus. Versez un peu de la pâte et inclinez la poêle pour recouvrir le fond. Faites cuire à feu moyen jusqu'à ce que le dessous soit bien doré. Retournez la crêpe et faites cuire l'autre côté. Faites glisser la crêpe de la crêpière et gardez au chaud.

Recommencez jusqu'à épuisement de la pâte.

4 Pour servir, faites réchauffer la sauce au chocolat 1 à 2 minutes. Fourrez les crêpes de bananes et pliez en deux ou en quatre. Versez un peu de sauce au chocolat dessus et servez.

Paquets de crêpes aux pommes et au chocolat

*Si vous êtes sérieusement en manque de chocolat dès le matin, vous pouvez servir
ces crêpes au petit déjeuner. Elles constituent aussi un excellent dessert familial.*

Pour 4 à 6 personnes

INGRÉDIENTS

225 g de farine tous usages
1½ cuil. à café de levure chimique
50 g de sucre en poudre
1 œuf

1 cuil. à soupe de beurre, fondu
300 ml de lait
1 pomme à dessert

50 g de pépites de chocolat noir
Sauce au chocolat chaude (voir p. 160)
ou sirop d'érable pour servir

1 Dans une terrine, tamisez ensemble la farine et la levure. Ajoutez le sucre en poudre. Faites un puits au milieu et mettez-y les œufs et le beurre fondu. Ajoutez peu à peu le lait, en fouettant, pour obtenir une pâte liquide et homogène.

2 Épluchez, épépinez et râpez la pomme, mélangez à la pâte ainsi que les pépites de chocolat.

3 Faites chauffer une plaque en fonte ou une poêle à fond épais à feu moyen et graissez-la légèrement. Pour chaque crêpe, mettez environ 2 cuil. à soupe de pâte sur la plaque

ou dans la poêle et formez un rond de 7,5 cm.

4 Faites cuire quelques minutes jusqu'à ce que des bulles apparaissent à la surface des crêpes. Retournez et faites cuire une minute supplémentaire. Retirez de la plaque et gardez au chaud. Recommencez avec le reste de la pâte pour faire environ 12 crêpes.

5 Pour servir, empilez 2 ou 3 crêpes sur des assiettes individuelles et servez avec la sauce au chocolat chaude ou du sirop d'érable.

MON CONSEIL

*Pour que les crêpes restent chaudes,
empilez-les les unes au-dessus des autres
avec du papier cuisson entre deux pour
éviter qu'elles ne se collent.*

VARIANTE

*Si vous préférez, vous pouvez utiliser
des pépites de chocolat au lait
à la place des noires.*

Fondue au chocolat

C'est un dessert amusant à servir à la fin d'un repas. Préparez-le à l'avance,
il ne reste plus qu'à le réchauffer avant de servir.

Pour 6 à 8 personnes

INGRÉDIENTS

FONDUE AU CHOCOLAT
225 g de chocolat noir
200 ml de crème fraîche épaisse
2 cuil. à soupe de cognac

POUR SERVIR
Un choix de fruits
Des guimauves blanches et roses
Des gâteaux secs

1 Cassez le chocolat en petits morceaux et mettez-le dans une petite casserole avec la crème fraîche.

2 Faites chauffer doucement, sans cesser de remuer, pour que le chocolat fonde et se lie à la crème.

3 Retirez du feu et ajoutez le cognac.

4 Versez dans un caquelon ou une petite casserole résistant à la flamme et gardez au chaud, de préférence sur un petit réchaud.

5 Servez avec un choix de fruits, guimauves et gâteaux secs. Pour les tremper dans la fondue, les fruits et les guimauves peuvent être piqués sur des fourchettes à fondue, des broches en bois ou des fourchettes ordinaires.

MON CONSEIL

Pour préparer les fruits à tremper, coupez les plus gros en morceaux de la taille d'une bouchée. Les fruits qui noircissent comme les bananes, les pommes ou les poires, doivent être trempés dans du jus de citron aussitôt coupés.

MON CONSEIL

Il n'est pas obligatoire d'utiliser un service à fondue. Un chauffe-plat fonctionnant avec une bougie fait tout aussi bien l'affaire pour garder au chaud. Si vous n'en avez pas, faites tremper le récipient contenant la fondue jusqu'à moitié dans un autre récipient contenant de l'eau bouillante. Quelle que soit la méthode utilisée pour garder votre fondue au chaud, mettez-la sur un dessous-de-plat pour protéger votre table.

Soufflé chaud au chocolat

Servi avec une crème anglaise chaude au chocolat, c'est le rêve du gourmand de chocolat qui se réalise.
N'ayez pas peur de l'aura mystique qui entoure le soufflé, celui-ci n'est vraiment pas difficile à faire.

Pour 4 personnes

INGRÉDIENTS

100 g de chocolat noir
300 ml de lait
25 g de beurre
4 gros œufs, blancs séparés des jaunes
1 cuil. à soupe de farine de maïs

50 g de sucre en poudre
1/2 cuil. à café d'extrait de vanille.
100 g de pépites de chocolat noir
sucre glace et en poudre pour
  saupoudrer

CRÈME AU CHOCOLAT
2 cuil. à soupe de farine de maïs
1 cuil. à soupe de sucre en poudre
450 ml de lait
50 g de chocolat noir

1 Beurrez un moule à soufflé de 850 ml et saupoudrez de sucre en poudre. Cassez le chocolat en morceaux.

2 Dans une casserole, faites chauffer le lait et le beurre, presque jusqu'à ébullition. Dans une terrine, mélangez les jaunes d'œuf, la farine de maïs et le sucre en poudre. Versez dessus une partie du lait chaud en fouettant. Mettez le tout dans la casserole et faites épaissir à feu doux sans cesser de remuer. Ajoutez le chocolat et remuez jusqu'à ce qu'il soit fondu. Retirez du feu et ajoutez l'extrait de vanille.

3 Battez les blancs d'œuf en neige ferme. Incorporez délicatement la moitié des blancs dans le mélange chocolaté, puis le reste des blancs et les pépites de chocolat. Versez dans le moule et faites cuire 40 à 45 minutes à four préchauffé à 180°C/ th. 4, ou jusqu'à ce qu'il soit bien levé.

4 Pendant ce temps, faites la crème. Mettez la farine de maïs et le sucre dans une petite terrine et délayez en pommade avec un peu du lait. Faites chauffer le reste du lait, presque jusqu'à ébullition. Versez un peu de ce lait chaud sur la farine de maïs, mélangez bien, puis remettez dans la casserole. Faites épaissir à feu doux sans cesser de remuer. Cassez le chocolat en morceaux, ajoutez à la crème et remuez pour le faire fondre.

5 Saupoudrez le soufflé de sucre et servez immédiatement avec la crème au chocolat.

Sabayon au chocolat

À la fois onctueux et aussi léger que l'air, ce dessert raffiné a un succès assuré. Comme il ne nécessite pas beaucoup de chocolat, choisissez-en un avec un minimum de 70% de cacao pour donner un bon arôme.

Pour 2 personnes

INGRÉDIENTS

4 jaunes d'œuf	50 g de chocolat noir	cacao en poudre pour saupoudrer
50 g de sucre en poudre	125 ml de Marsala	

1 Dans un grand récipient en verre, fouettez ensemble, au batteur électrique, les jaunes d'œuf et le sucre en poudre, jusqu'à ce que le mélange soit très clair.

2 Incorporez le chocolat finement râpé, puis le Marsala.

3 Mettez le récipient sur une casserole d'eau à peine frémissante et réglez les fouets sur la vitesse minimum, ou utilisez un fouet à main. Faites épaissir à feu doux sans cesser de fouetter. Prenez soin de ne pas faire trop durer la cuisson, cela ferait cailler le mélange.

4 Versez ce mélange chaud dans des coupes individuelles chaudes et saupoudrez d'un peu de cacao en poudre. Servez le sabayon dès que possible pour qu'il soit chaud, léger et mousseux.

MON CONSEIL

Faites ce dessert juste avant de servir, car le mélange se séparera s'il doit attendre. S'il commence à cailler, vous pourrez peut-être le sauver en le retirant immédiatement du feu et en le mettant dans de l'eau froide pour arrêter la cuisson. Fouettez énergiquement pour faire reprendre le mélange.

MON CONSEIL

Une nouvelle idée pour servir. Mettez le sabayon dans des tasses à café et disposez de petits macarons aux amandes (amaretti) sur la soucoupe.

Entremets froids

Frais, onctueux, somptueux, extravagants, ce sont
là quelques-uns des adjectifs qui viennent à l'esprit
quand on pense aux entremets froids au chocolat.
Les entremets mentionnés dans ce chapitre
allient toutes ces qualités.

Certains de ces desserts sont étonnamment rapides
et faciles à réaliser, tandis que d'autres sont plus élaborés.
L'une des beautés de ces entremets, c'est qu'ils peuvent
tous être préparés à l'avance, parfois des jours à l'avance,
ils sont donc parfaits quand vous recevez. Tout ce qui
vous reste à faire le jour même, si nécessaire, c'est une
décoration rapide. Même l'omelette norvégienne au
chocolat peut être assemblée à l'avance et mise au four
juste avant de la servir.

Coupes marbrées au chocolat et à la menthe

*L'alliance classique des arômes de chocolat et de menthe rend ce dessert
très séduisant pour les grandes occasions.*

Pour 6 personnes

INGRÉDIENTS

300 ml de crème fraîche épaisse
150 ml de fromage blanc entier

25 g de sucre glace
1 cuil. à soupe de crème de menthe

175 g de chocolat noir
chocolat pour décorer

1 Dans une grande terrine, fouettez la crème fraîche jusqu'à ce qu'elle soit ferme.

2 Incorporez délicatement le fromage blanc et le sucre glace, puis mettez environ un tiers de cette préparation dans une petite terrine et ajoutez-y la crème de menthe. Faites fondre le chocolat et mélangez-le dans la grande terrine.

3 Placez dans des coupes en alternant des cuillerées des deux mélanges, puis marbrez pour rendre le dessert plus décoratif. Conservez au frais jusqu'au moment de servir.

4 Pour faire les décorations en chocolat, faites fondre un peu de chocolat et mettez-le dans un cornet en papier.

5 Mettez une feuille de papier cuisson sur une planche et faites des entrelacs, des étoiles ou des fleurs avec le chocolat fondu. Vous pouvez aussi faire des décorations courbées : faites-les sur une longue bande de papier cuisson, posez cette bande délicatement sur un rouleau à pâtisserie et attachez-la avec du papier adhésif. Laissez durcir le chocolat et enlevez-le du papier avec précaution.

6 Décorez chaque coupe avec les décorations en chocolat et servez.

Vous pouvez, si vous le désirez, décorez le dessert et mettez-le au frais.

MON CONSEIL

Faites les motifs en chocolat directement ou bien dessinez-les d'abord sur le papier, puis retournez la feuille et suivez les lignes avec le chocolat fondu.

Timbales de chocolat au rhum

De superbes petites timbales fines et onctueuses à souhait,
parfumées d'un soupçon de rhum, un pur plaisir !

Pour 6 personnes

INGRÉDIENTS

225 g de chocolat noir
4 œufs, blancs et jaunes séparés
75 g de sucre en poudre

4 cuil. à soupe de rhum
4 cuil. à soupe de crème fraîche épaisse

DÉCORATION
Un peu de crème fouettée
Décorations en chocolat (voir
page 176)

1 Faites fondre le chocolat et laissez légèrement refroidir.

2 Dans une terrine, fouettez les jaunes d'œuf et le sucre en poudre, jusqu'à ce que le mélange soit mousseux et de couleur claire. Cela prend environ 5 minutes au batteur électrique, un peu plus longtemps au fouet à main.

3 Ajoutez le chocolat en filet au mélange, et incorporez le rhum et la crème fraîche.

4 Dans une terrine bien propre, battez les blancs en neige ferme et incorporez-les au mélange chocolat

en deux fois. Partagez la préparation entre 6 ramequins ou autres coupes individuelles et mettez au frais au moins 2 heures.

5 Avant de servir, décorez avec un peu de crème fouettée et des petites décorations en chocolat.

VARIANTE

Si vous le désirez, vous pouvez parfumer
ces délicieuses petites timbales au cognac
plutôt qu'au rhum.

MON CONSEIL

Assurez-vous que la terrine utilisée
pour les œufs en neige est absolument
propre et sans traces de graisse. Ils ne
monteront pas s'il y a la moindre trace
de graisse, qui a pour effet de faire éclater
les bulles des blancs, les empêchant
de retenir l'air.

Crèmes au chocolat et à la vanille

Ce dessert riche et crémeux est absolument irrésistible.
Servez-le avec des gâteaux secs.

Pour 4 personnes

INGRÉDIENTS

450 ml de crème fraîche épaisse
75 g de sucre en poudre
1 gousse de vanille
200 ml de crème fraîche épaisse

2 cuil. à café de gélatine
3 cuil. à soupe d'eau
50 g de chocolat noir

DÉCORATIONS EN CHOCOLAT MARBRÉES
Un peu de chocolat blanc, fondu
Un peu de chocolat noir, fondu

1 Mettez la crème fraîche épaisse et le sucre dans une casserole. Coupez la gousse de vanille en deux et ajoutez-la à la crème. Faites chauffer doucement pour dissoudre le sucre, puis amenez à ébullition. Baissez la flamme et laissez frémir 2 à 3 minutes.

2 Retirez la casserole du feu, enlevez la gousse de vanille. Ajoutez la crème fraîche épaisse.

3 Saupoudrez la gélatine sur l'eau placée dans un récipient résistant à la chaleur et laissez gonfler, puis mettez le récipient sur une casserole d'eau chaude et remuez jusqu'à dissolution.

Ajoutez à la préparation. Versez la moitié de cette crème dans une autre terrine.

4 Faites fondre le chocolat noir, mélangez-le à l'une des moitiés et versez dans 4 coupes individuelles. Mettez au frais 15 à 20 minutes pour que la crème soit juste prise. Pendant qu'elle est au frais, gardez la crème à la vanille à température ambiante.

5 Versez la crème à la vanille sur celle au chocolat et mettez au frais pour faire prendre.

6 Pendant ce temps, faites les décorations. Mettez le chocolat

blanc fondu dans un cornet en papier et coupez le bout. Étalez un peu de chocolat noir sur du papier cuisson. Pendant qu'il est encore liquide, dessinez dessus des entrelacs de chocolat blanc. Avec le bout d'un cure-dents, faites des nervures de chocolat blanc dans le chocolat noir. Quand le chocolat est ferme mais pas trop dur, coupez des décorations avec un petit emporte-pièce ou un couteau tranchant. Mettez-les au frais pour qu'elles soient rigides et utilisez-les pour décorer les coupes.

Ramequins de chocolat à la noisette

Les fous du chocolat adoreront ce dessert crémeux qui consiste en une riche crème au chocolat cuite au four et délicieusement parfumée à la noisette.

Pour 6 personnes

INGRÉDIENTS

2 œufs
2 jaunes d'œuf
15 g de sucre en poudre
1 cuil. à café de farine de maïs

600 ml de lait
75 g de chocolat noir
4 cuil. à soupe de pâte à tartiner
   au chocolat et aux noisettes

DÉCORATION
Chocolat râpé ou grands copeaux de
   chocolat (voir page 66)

1 Mélangez bien les œufs, les jaunes d'œuf, le sucre en poudre et la farine de maïs. Faites chauffer le lait, presque jusqu'à ébullition.

2 Versez le lait peu à peu sur les œufs en fouettant. Faites fondre la pâte à tartiner au chocolat et noisettes dans une terrine placée au-dessus d'une casserole d'eau frémissante et ajoutez-la au mélange œufs/lait en fouettant.

3 Versez dans 6 ramequins et couvrez de papier aluminium. Mettez-les dans un plat à rôtir contenant de l'eau bouillante jusqu'à mi-hauteur des ramequins.

4 Faites cuire 35 à 40 minutes à four préchauffé à 170°C/ th. 3, pour que la crème soit juste prise, retirez les ramequins, laissez refroidir et mettez au frais jusqu'au moment de servir. Décorez de chocolat râpé ou de copeaux de chocolat.

MON CONSEIL

Le papier aluminium empêche la formation d'une peau sur la crème.

MON CONSEIL

Traditionnellement, ce dessert se fait dans de petits pots à crème avec un couvercle, mais de simples ramequins font l'affaire. Ce dessert peut aussi se faire dans un grand plat, faites cuire 1 heure environ ou jusqu'à ce qu'il soit pris.

Crème au moka

Ce dessert crémeux au chocolat et au café
termine parfaitement un repas raffiné.

Pour 4 personnes

INGRÉDIENTS

225 g de chocolat noir
1 cuil. à soupe de café en poudre
300 ml d'eau bouillante
1 sachet de gélatine

3 cuil. à soupe d'eau froide
1 cuil. à café d'extrait de vanille
1 cuil. à soupe de liqueur de café
(facultatif)

300 ml de crème fraîche épaisse
4 grains de café en chocolat
8 petits macarons aux amandes
(amaretti)

1 Cassez le chocolat en petits morceaux et mettez-le dans une casserole avec le café. Versez l'eau bouillante et faites chauffer doucement pour faire fondre le chocolat.

2 Saupoudrez la gélatine sur l'eau froide et laissez gonfler, puis mettez-la dans le chocolat chaud en fouettant pour la dissoudre.

3 Mélangez l'extrait de vanille et la liqueur au café (si vous en utilisez). Laissez reposer dans un endroit frais jusqu'à ce que le mélange commence à s'épaissir, en fouettant de temps à autre.

4 Fouettez la crème jusqu'à ce qu'elle soit ferme, gardez-en un peu pour la décoration et incorporez le reste au mélange chocolat. Versez dans des coupes et laissez prendre.

5 Décorez avec la crème fraîche restante, les grains de café au chocolat et servez avec les macarons.

MON CONSEIL

Si vous préférez, vous pouvez faire ce dessert dans un grand plat.

VARIANTE

Pour ajouter un délicieux goût d'amande à ce dessert, remplacez la liqueur au café par de la liqueur d'amande.

Mousse au chocolat napolitaine

Trois couches de mousse au chocolat merveilleusement onctueuse rendent ce dessert au chocolat particulièrement agréable à l'œil. Il est un peu délicat à préparer, mais vos efforts seront bien récompensés.

Pour 8 personnes

INGRÉDIENTS

3 œufs
1 cuil. à café de farine de maïs
50 g de sucre en poudre
300 ml de lait
1 sachet de gélatine

3 cuil. à soupe d'eau
300 ml de crème fraîche épaisse
75 g de chocolat noir
75 g de chocolat blanc
75 g de chocolat au lait

caraques de chocolat pour décorer
(voir page 208)

1 Tapissez un moule à brioche rectangulaire de 450 g avec du papier cuisson. Séparez les œufs en mettant chaque blanc dans un bol différent. Dans une grande terrine, fouettez bien les jaunes et le sucre. Faites chauffer le lait dans une casserole à feu doux en remuant. Quand il est prêt à bouillir versez-le sur les œufs en fouettant.

2 Placez la terrine sur une casserole d'eau frémissante et remuez jusqu'à ce que le mélange soit assez épais pour napper le dos d'une cuillère en bois.

3 Saupoudrez la gélatine sur l'eau, dans une récipient résistant à la chaleur, et laissez gonfler. Placez sur une casserole d'eau chaude et remuez jusqu'à dissolution. Ajoutez à la préparation chaude et laissez refroidir.

4 Fouettez la crème fraîche jusqu'à ce qu'elle soit ferme. Incorporez-la à la crème aux œufs et divisez en trois portions. Faites fondre les 3 espèces de chocolat séparément. Incorporez le chocolat noir à une des parties de crème aux œufs. Battez un blanc d'œuf en neige et mélangez-le délicatement à la crème au chocolat noir. Versez dans le

moule et lissez la surface. Mettez dans la partie la plus froide du réfrigérateur jusqu'à ce qu'elle soit prise. Laissez les autres portions de crème à température ambiante.

5 Incorporez le chocolat blanc à une autre portion de crème, battez le second blanc d'œuf et incorporez. Versez sur la couche au chocolat noir et mettez rapidement au frais. Recommencez avec le chocolat au lait et le blanc d'œuf. Mettez au frais jusqu'à ce que la mousse soit prise. Démoulez avec précaution sur un plat de service et servez décoré de caraques en chocolat.

Marquise au chocolat

C'est un dessert classique, à mi-chemin entre la mousse et le parfait. Habituellement,
on le laisse refroidir dans un grand moule, mais ici, il est servi dans des moules individuels.

Pour 6 personnes

INGRÉDIENTS

200 g de chocolat noir
100 g de beurre
3 jaunes d'œuf
75 g de sucre en poudre

1 cuil. à café d'extrait de chocolat ou
1 cuil. à soupe de liqueur de cacao
300 ml de crème fraîche épaisse

POUR SERVIR
Crème fraîche épaisse
Fruits plongés dans le chocolat
(voir page 64)
Cacao en poudre pour saupoudrer

1 Cassez le chocolat en morceaux et placez-le avec le beurre dans une terrine sur une casserole d'eau frémissante et remuez jusqu'à ce que le mélange soit homogène. Retirez du feu et laissez refroidir.

2 Mettez les jaunes d'œuf et le sucre dans une terrine. Fouettez pour obtenir un mélange mousseux de couleur claire. Ajoutez lentement le mélange au chocolat refroidi en remuant avec un fouet électrique à vitesse minimum. Ajoutez l'extrait de chocolat ou la liqueur de cacao.

3 Fouettez la crème fraîche jusqu'à ce qu'elle soit ferme. Incorporez au mélange au chocolat. Versez dans de petits ramequins ou dans des moules en métal individuels. Laissez au frais au moins 2 heures.

4 Pour servir, démoulez sur des assiettes individuelles. Si vous avez des difficultés à démouler, faites tremper les moules quelques instants dans de l'eau chaude pour que la marquise sorte plus facilement. Servez avec des fruits trempés dans le chocolat et de la crème fraîche épaisse et saupoudrez de cacao en poudre.

MON CONSEIL

La légère aigreur de la crème fraîche épaisse contraste agréablement avec ce dessert par ailleurs très riche. Plongez les fruits dans le chocolat blanc pour obtenir un contraste de couleurs.

Terrine de chocolat blanc glacée

Ce dessert glacé se situe entre la mousse au chocolat et la crème glacée.
Servez-le avec une sauce au chocolat ou un coulis de fruits et des fruits de saison.

Pour 8 à 10 personnes

INGRÉDIENTS

2 cuil. à soupe de sucre cristallisé
5 cuil. à soupe d'eau

300 g de chocolat blanc
3 œufs, blancs et jaunes séparés

300 ml de crème fraîche épaisse

1 Tapissez un moule à brioche rectangulaire de 450 g avec du papier aluminium ou du scellofrais® en froissant le moins possible.

2 Mettez le sucre cristallisé et l'eau dans une casserole à fond épais à feu doux et remuez jusqu'à dissolution du sucre. Amenez à ébullition et laissez bouillir 1 à 2 minutes pour obtenir un sirop. Retirez du feu.

3 Cassez le chocolat blanc en petits morceaux et mélangez au sirop en remuant jusqu'à ce qu'il soit fondu et bien mélangé. Laissez un peu refroidir.

4 Battez les jaunes d'œuf dans le mélange au chocolat et laissez complètement refroidir.

5 Fouettez légèrement la crème fraîche jusqu'à ce qu'elle soit ferme et incorporez au mélange chocolat.

6 Battez les blancs en neige ferme dans une terrine bien propre. Incorporez au mélange chocolat. Versez dans le moule et mettez une nuit au congélateur.

7 Sortez du congélateur environ 10 à 15 minutes avant de servir. Démoulez et servez la terrine coupée en tranches.

MON CONSEIL

Pour faire un coulis, mettez 225 g de fruits frais de votre choix (je recommande les fraises, framboises, cassis, groseilles ou mangues) dans un mixeur. Ajoutez 1 à 2 cuil. à soupe de sucre glace et réduisez en purée. S'il y a des pépins, tamisez pour les enlever. Mettez au frais si vous le souhaitez.

Sundae glacé à la banane et au chocolat

*Un banana split dans un verre ! Choisissez la meilleure crème glacée à la vanille
que vous puissiez trouver, ou encore mieux, faites-la vous-même.*

Pour 4 personnes

INGRÉDIENTS

SAUCE AU CHOCOLAT GLACÉE
60 g de chocolat noir
4 cuil. à soupe de sirop de sucre roux
15 g de beurre
1 cuil. à soupe de cognac ou de rhum
   (facultatif)

SUNDAE
4 bananes
150 ml de crème fraîche épaisse
8 à 12 boules d'une bonne crème
   glacée à la vanille

75 g d'amandes effilées ou hachées,
   grillées
Chocolat râpé ou feuilleté pour décorer
4 gaufrettes en éventail

1 Pour faire la sauce au chocolat, cassez le chocolat en petits morceaux et mettez-le dans une terrine résistant à la chaleur, avec le sirop et le beurre. Faites chauffer sur une casserole d'eau chaude, en remuant pour bien mélanger. Enlevez la terrine de la casserole et ajoutez le cognac ou le rhum, si vous en employez.

2 Tranchez les bananes et fouettez la crème fraîche jusqu'à ce qu'elle soit ferme. Mettez une cuillerée de crème glacée au fond de 4 verres hauts. Couvrez de tranches de banane, de sauce au chocolat, d'une cuillerée de crème fraîche et saupoudrez généreusement d'amandes.

3 Répétez les couches en terminant par une bonne dose de crème fraîche saupoudrée d'amandes et un peu de chocolat râpé ou feuilleté. Servez avec les éventails.

VARIANTE

Vous pouvez, si vous le souhaitez, utiliser une moitié de glace à la vanille et une moitié de glace au chocolat.

VARIANTE

Pour faire un banana split classique, coupez les bananes en deux dans le sens de la longueur et disposez-les sur une assiette avec 2 boules de crème glacée entre les deux. Mettez de la crème fraîche dessus et saupoudrez d'amandes. Servez arrosé de sauce au chocolat Glacée.

Glace au chocolat suprême

Une crème glacée au chocolat richement parfumée, délicieuse servie toute seule ou avec une sauce au chocolat.
Pour en faire un dessert sortant de l'ordinaire, servez-la dans ces jolies corbeilles à croisillons.

Pour 6 à 8 personnes

INGRÉDIENTS

CRÈME GLACÉE
1 œuf
3 jaunes d'œuf
90 g de sucre en poudre

300 ml de lait entier
250 g de chocolat noir
300 ml de crème fraîche épaisse

CORBEILLES À CROISILLONS
100 g de chocolat noir

1 Dans une terrine, mélangez l'œuf, les jaunes d'œuf et le sucre en poudre. Faites chauffer le lait, presque jusqu'à ébullition.

2 Versez peu à peu le lait chaud sur les œufs en fouettant. Mettez la terrine sur une casserole d'eau frémissante et faites cuire en remuant pour que la crème soit assez épaisse et pouvoir en napper le dos d'une cuillère en bois.

3 Cassez le chocolat noir en petits morceaux et ajoutez à la crème chaude. Faites fondre en remuant. Couvrez d'une feuille de papier cuisson et laissez refroidir.

4 Fouettez la crème fraîche jusqu'à ce qu'elle soit ferme et incorporez à la crème au chocolat refroidie. Placez dans un récipient allant au congélateur et congelez 1 à 2 heures pour que le mélange soit bien gelé sur 2,5 cm.

5 Raclez la crème glacée, mettez-la dans une terrine froide et battez pour qu'elle soit bien homogène. Recongelez jusqu'à ce qu'elle soit ferme.

6 Pour faire les coupes à croisillons, retournez une plaque à petits cakes ronds et couvrez un rond sur deux avec du scellofrais®. Faites fondre le chocolat, mettez-le dans un cornet en papier et coupez le bout.

7 Faites un cercle en chocolat autour de la base du dôme, puis faites des allées et venues au-dessus avec le cornet pour former des croisillons. Repassez délicatement pour avoir une double épaisseur, terminez par un nouveau cercle à la base. Mettez au frais jusqu'à ce que le chocolat durcisse et enlevez le scellofrais®. Servez la glace dans ces corbeilles.

Omelette norvégienne au chocolat

Un dessert frais qui ne fatiguera pas le cuisinier ou la cuisinière. Ce dessert divin est composé d'une glace au chocolat recouverte d'une meringue légère. Vous pouvez l'assembler à l'avance et le mettre au congélateur jusqu'au moment de servir.

Pour 6 personnes

INGRÉDIENTS

2 œufs
50 g de sucre en poudre
40 g de farine tous usages

15 g de cacao en poudre
3 blancs d'œuf
150 g de sucre en poudre

1 litre de bonne glace au chocolat

1 Beurrez un moule rond de 18 cm et tapissez le fond avec du papier cuisson.

2 Dans une terrine, battez l'œuf et les 4 cuil. à soupe de sucre jusqu'à ce que le mélange soit très épais et de couleur claire. Tamisez ensemble la farine et cacao en poudre et incorporez délicatement.

3 Versez dans le moule et faites cuire 7 minutes à four préchauffé à 220°C/ th. 7, ou jusqu'à ce que le biscuit soit souple au toucher. Placez sur une grille pour qu'il finisse de refroidir.

4 Dans une terrine bien propre, battez les blancs en neige ferme, ajoutez le sucre peu à peu, tout en fouettant, pour obtenir une meringue épaisse et brillante.

5 Placez le gâteau sur une plaque pour le four et mettez une bonne quantité de glace au centre.

6 Étalez la meringue avec une palette ou une poche à douille, en veillant à recouvrir toute la glace. À ce stade, vous pouvez congeler ce dessert si vous le souhaitez.

7 Remettez au four 5 minutes, juste pour faire dorer la meringue. Servez immédiatement.

MON CONSEIL

Ce dessert est délicieux servi avec un coulis de cassis. Faites cuire quelques grains de cassis dans du jus d'orange jusqu'à ce qu'ils ramollissent, réduisez en purée, tamisez, puis sucrez selon votre goût avec du sucre glace.

Glace au chocolat blanc en coupe gourmande

Cette crème glacée au chocolat blanc est servie dans une coupe de biscuit sec.
Si vous voulez, arrosez de sauce au chocolat pour vraiment assouvir votre passion.

Pour 6 personnes

INGRÉDIENTS

CRÈME GLACÉE
1 œuf
1 jaune d'œuf
40 g de sucre en poudre
150 g de chocolat blanc
300 ml de lait
150 ml de crème fraîche épaisse

COUPES EN BISCUIT SEC
1 blanc d'œuf
50 g de sucre en poudre
15 g de farine tous usages, tamisée
15 g de cacao en poudre, tamisé
25 g de beurre, fondu

1 Recouvrez 2 plaques pour le four de papier cuisson. Pour faire la crème glacée, mélangez l'œuf, les jaunes d'œuf et le sucre. Cassez le chocolat en morceaux, mettez-le dans une terrine avec 3 cuil. à soupe de lait et faites fondre au-dessus d'une casserole d'eau chaude. Faites chauffer le lait, presque jusqu'à ébullition, et versez sur les œufs en fouettant. Faites cuire au-dessus d'une casserole d'eau frémissante, le mélange doit être assez épais pour napper le dos d'une cuillère en bois.

Ajoutez le chocolat au fouet. Couvrez de papier cuisson humecté et laissez refroidir.

2 Fouettez la crème fraîche jusqu'à ce qu'elle soit ferme et incorporez à la crème au chocolat. Placez dans un récipient allant au congélateur et congelez de 1 à 2 heures pour que la crème soit gelée sur 2,5 cm. Changez la crème glacée de récipient et battez pour qu'elle soit bien homogène. Recongelez jusqu'à ce qu'elle soit ferme.

3 Pour faire les coupes, battez ensemble le blanc d'œuf et le sucre. Mélangez-y la farine et le cacao, puis le beurre. Mettez 1 cuil. à soupe de cette préparation sur une plaque, étalez pour faire un cercle de 12,5 cm. Faites cuire 4 à 5 minutes à four préchauffé à 200°C/ th. 6. Retirez et mettez en forme sur une tasse retournée. Laissez prendre la forme, puis laissez-la refroidir sur une grille. Recommencez pour faire 6 coupes. Servez la glace dans ces coupes.

Cônes au chocolat fourrés à la crème au gingembre et à la cardamome

Un cône croustillant de biscuit sec au chocolat renferme une fabuleuse crème parfumée à la cardamome pour composer ce dessert original. Vous pouvez aussi vous offrir le luxe de les servir à l'heure du thé.

Pour 6 personnes

INGRÉDIENTS

1 blanc d'œuf
50 g de sucre en poudre
15 g de farine tous usages
15 g de cacao en poudre
25 g de beurre, fondu
50 g de chocolat noir

CRÈME À LA CARDAMOME
150 ml de crème fraîche épaisse
1 cuil. à soupe de sucre glace
1/4 cuil. à café de cardamome en poudre

Une pincée de gingembre en poudre
25 g de gingembre confit, finement haché

1 Mettez une feuille de papier cuisson sur 2 plaques pour le four. Beurrez légèrement 6 formes à cônes. Pour faire les cônes, dans une terrine battez bien le blanc d'œuf et le sucre, ajoutez la farine et le cacao tamisés ensemble, puis le beurre fondu.

2 Mettez une cuillerée à soupe de la préparation sur une plaque pour le four et étalez-en un cercle de 12,5 cm. Faites cuire 4 à 5 minutes à four préchauffé à 200°C/ th. 6.

3 Enlevez rapidement le biscuit avec une palette et enroulez-le autour de la forme pour obtenir un cône. Laissez durcir et retirez de la forme. Recommencez pour avoir 6 cônes.

4 Faites fondre le chocolat et trempez l'ouverture du cône dans le chocolat. Laissez durcir sur une feuille de papier cuisson.

5 Pour faire la crème à la cardamome, mettez la crème fraîche dans une terrine et tamisez

dessus le sucre glace et les épices. Fouettez la crème jusqu'à ce qu'elle soit ferme. Incorporez le gingembre haché et remplissez les cônes.

Charlotte au chocolat

Ce dessert au chocolat, composé d'un cœur rappelant une riche mousse au chocolat,
serti d'une couronne de boudoirs, est une variante de la recette classique populaire.

Pour 8 personnes

INGRÉDIENTS

Environ 22 boudoirs
4 cuil. à soupe de liqueur d'orange
250 g de chocolat noir
150 ml de crème fraîche épaisse
4 œufs
150 g de sucre en poudre

DÉCORATION
150 ml de crème fraîche semi-épaisse
2 cuil. à soupe de sucre en poudre
1/2 cuil. à café d'extrait de vanille
De gros copeaux de chocolat (voir
    page 66)

Des feuilles de chocolat (voir page 44)
ou des décorations en chocolat
(voir page 176)

1 Tapissez de papier cuisson le fond d'un moule à charlotte ou d'un moule à soufflé de 18 cm.

2 Mettez les boudoirs sur un plateau et arrosez avec la moitié de la liqueur d'orange. Utilisez-les pour tapisser les bords du moule, en taillant si nécessaire, pour qu'ils soient bien serrés.

3 Cassez le chocolat en petits morceaux et faites-le fondre dans une terrine au-dessus d'une casserole d'eau chaude. Retirez du feu et mélangez la crème fraîche épaisse.

4 Séparez les blancs d'œuf des jaunes et mettez les blancs dans une grande terrine bien propre. Mélangez les jaunes au chocolat.

5 Battez les blancs en neige ferme et ajoutez le sucre petit à petit, en fouettant pour que le mélange soit ferme et brillant. Incorporez délicatement les blancs au mélange chocolat en deux fois en prenant soin de ne pas trop écraser la neige. Versez au milieu du moule. Taillez les boudoirs pour qu'ils soient au niveau du chocolat. Mettez au frais au moins 5 heures.

6 Pour décorer, fouettez la crème fraîche avec le sucre et l'extrait de vanille, jusqu'à ce qu'elle soit ferme. Démoulez la charlotte sur le plat de service. Faites de petites rosaces de crème à la base et décorez le dessus de copeaux et de feuilles de chocolat.

Cheesecake marbré

L'intérieur de cette tarte au fromage et aux chocolats blanc et noir est marbré
pour rendre ce dessert décadent encore plus appétissant.

Pour 10 à 12 personnes

INGRÉDIENTS

FOND
225 g de pétales d'avoine grillés
50 g de noisettes grillées, hachées
50 g de beurre
25 g de chocolat noir

GARNITURE
350 g de fromage frais entier
100 g de sucre en poudre
200 ml de yaourt épais
300 ml de crème fraîche épaisse

1 sachet de gélatine
3 cuil. à soupe d'eau
175 g de chocolat noir, fondu
175 g de chocolat blanc, fondu

1 Mettez les pétales d'avoine dans un sac en plastique et écrasez avec un rouleau à pâtisserie. Versez les céréales écrasées dans une terrine et mélangez-y les noisettes.

2 Faites fondre ensemble à feu doux le beurre et le chocolat, enrobez-en les céréales.

3 Versez dans un moule à bords amovibles de 20 cm et tassez le mélange au fond et sur le bord à l'aide d'un fond de verre.

4 Avec une cuillère en bois, travaillez le fromage et le sucre pour obtenir un mélange lisse. Ajoutez-y le yaourt. Fouettez la crème fraîche jusqu'à ce qu'elle soit ferme et incorporez au mélange. Saupoudrez la gélatine sur l'eau versée dans une terrine résistant à la chaleur et laissez gonfler. Placez sur une casserole d'eau chaude et remuez jusqu'à dissolution. Mélangez à la préparation.

5 Partagez la préparation en deux et mélangez le chocolat noir à une moitié et le chocolat blanc à l'autre moitié.

6 Alternez des cuillerées des deux mélanges sur le fond de céréales. Faites passer la pointe d'un couteau dans le mélange pour donner un aspect marbré. Lissez la surface avec un couteau ou une palette. Laissez prendre avant de servir.

MON CONSEIL

Pour obtenir une consistance
plus légère, incorporez
2 blancs d'œuf battus en neige
avant d'ajouter la crème au point 2.

Cheesecake à la banane et à la noix de coco

Cette alliance exotique de banane et de noix de coco va bien avec le chocolat, comme le prouve cette délicieuse tarte au fromage. Vous pouvez employer de la noix de coco séchée, mais la noix de coco fraîche donne un meilleur parfum.

Pour 10 personnes

INGRÉDIENTS

225 g de biscuits aux pépites de chocolat
50 g de beurre
350 g de fromage frais demi-écrémé
75 g de sucre en poudre
50 g de noix de coco fraîche, râpée

2 cuil. à soupe de liqueur de noix de coco
2 bananes mûres
125 g de chocolat noir
1 sachet de gélatine
3 cuil. à soupe d'eau
150 ml de crème fraîche épaisse

DÉCORATION
1 banane
jus de citron
un peu de chocolat fondu

1 Mettez les biscuits dans un sac en plastique et écrasez-les au rouleau. Versez dans une terrine. Faites fondre le beurre et enrobez les miettes. Tassez le mélange au fond et autour d'un moule à bords amovibles de 20 cm.

2 Travaillez le fromage frais et le sucre en poudre et ajoutez la noix de coco râpée et la liqueur de noix de coco. Écrasez les 2 bananes et ajoutez au mélange. Faites fondre le chocolat noir et mélangez pour obtenir une préparation homogène.

3 Saupoudrez la gélatine sur l'eau dans une terrine résistant à la chaleur et laissez gonfler. Placez au-dessus d'une casserole d'eau chaude et remuez jusqu'à dissolution, puis versez dans la préparation au chocolat. Fouettez la crème fraîche jusqu'à ce qu'elle soit ferme et mélangez à la préparation au chocolat. Versez sur le fond de biscuits et mettez au frais pour faire prendre.

4 Pour servir, placez délicatement sur le plat de service, coupez la banane, passez-la dans le jus de citron et disposez sur le pourtour de la tarte.

Arrosez d'un filet de chocolat fondu et laissez prendre.

MON CONSEIL

Pour casser la noix de coco, percez 2 des " yeux " et videz le lait. Tapez fort au milieu de la noix de coco avec un marteau pour qu'elle se fendille et ouvrez.

Torte au chocolat et au cognac

Un fond friable au chocolat et au gingembre,
garni d'une crème veloutée au chocolat et au cognac : un délice !

Pour 12 personnes

INGRÉDIENTS

FOND
250 g de biscuits au gingembre
75 g de chocolat noir
100 g de beurre

GARNITURE
225 g de chocolat noir
250 g de fromage mascarpone
2 œufs, blancs séparés des jaunes
3 cuil. à soupe de cognac
300 ml de crème fraîche épaisse
50 g de sucre en poudre

DÉCORATION
100 ml de crème fraîche épaisse
grains de café en chocolat

1 Écrasez les biscuits au mixeur ou dans un sac avec un rouleau. Faites fondre ensemble le chocolat et le beurre et versez sur les biscuits pour les enrober. Tassez ce mélange sur le fond et autour d'un plat à tarte ou d'un moule à bords amovibles de 23 cm. Mettez au frais pendant que vous préparez la garniture.

2 Pour faire la garniture, faites fondre le chocolat noir dans une casserole, retirez du feu et mélangez le mascarpone, les jaunes d'œuf et le cognac.

3 Fouettez la crème jusqu'à ce qu'elle soit ferme et incorporez à la préparation au chocolat.

4 Dans une terrine bien propre, battez les blancs en neige ferme, ajoutez le sucre peu à peu jusqu'à ce que le mélange soit ferme et brillant. Incorporez à la préparation au chocolat en deux fois sans trop mélanger.

5 Versez sur le fond et mettez au frais minimum 2 heures. Placez délicatement sur le plat de service. Fouettez la crème fraîche, décorez le

gâteau à la douille et ajoutez les grains de café en chocolat.

MON CONSEIL

Si vous n'avez pas de grains de café en chocolat, décorez avec des raisins secs enrobés de chocolat.

Tours de sablés au chocolat

Des sablés croustillants empilés les uns sur les autres sont intercalés avec des framboises fraîches
et de la crème parfumée au chocolat et servis avec un coulis de framboises fraîches.

Pour 6 personnes

INGRÉDIENTS

SABLÉS
225 g de beurre
75 g de sucre roux
50 g de chocolat noir, râpé
275 g de farine tous usages

GARNITURE ET DÉCORATION
350 g de framboises fraîches
25 g de sucre glace
3 cuil. à soupe de lait
300 ml de crème fraîche épaisse

100 g de chocolat blanc, fondu
sucre glace pour saupoudrer

1 Beurrez légèrement une plaque pour le four. Pour faire les sablés, travaillez le beurre et le sucre jusqu'à ce que le mélange soit léger et mousseux. Ajoutez le chocolat noir, puis la farine, pour former une pâte ferme.

2 Étalez la pâte sur une surface légèrement farinée et découpez des ronds de 7,5 cm avec un emporte-pièce à cannelures, disposez sur une plaque pour le four et faites cuire 10 minutes à four préchauffé à 200°C/ th. 6, ou jusqu'à ce que les sablés soient

fermes et dorés. Laissez refroidir sur la plaque.

3 Pour faire le coulis, gardez environ 100 g de framboises. Réduisez le reste en purée au mixeur avec le sucre glace. Tamisez pour enlever les pépins. Mettez au frais. Gardez 2 cuillerées à café de crème fraîche. Fouettez le reste juste pour que la crème soit ferme. Incorporez le lait et le chocolat fondu.

4 Pour chaque tour, mettez un peu de coulis sur l'assiette de service. Ajoutez de petits tas de la crème restante

dans le coulis autour de l'assiette. À l'aide d'une broche, étirez la crème dans le coulis pour faire des motifs.

5 Disposez un sablé sur l'assiette et versez dessus un peu de crème au chocolat, ajoutez 2 ou 3 framboises, puis un autre sablé et recommencez. Mettez un troisième sablé sur le dessus et saupoudrez de sucre glace.

Diplomate Forêt-Noire

Retrouvez tous les délicieux arômes d'une Forêt-Noire
sous cette nouvelle forme. Le résultat est époustouflant.

Pour 6 à 8 personnes

INGRÉDIENTS

6 fines tranches de gâteau roulé fourré
  à la crème au beurre au chocolat
2 boîtes de 400 g de cerises noires
2 cuil. à soupe de kirsch
1 cuil. à soupe de farine de maïs
2 cuil. à soupe de sucre en poudre

425 ml de lait
3 jaunes d'œuf
1 œuf
75 g de chocolat noir
300 ml de crème fraîche épaisse,
  légèrement fouettée

DÉCORATION
Chocolat noir, fondu
Cerises au marasquin (facultatif)

1 Mettez les tranches de gâteau roulé au chocolat au fond d'un plat à crème.

2 Égouttez les cerises noires, gardez 6 cuil. à soupe de jus. Placez cerises et jus sur le gâteau roulé. Arrosez de kirsch.

3 Dans une terrine, mélangez la farine de maïs et le sucre en poudre. Délayez en pommade avec du lait. Mélangez-y les jaunes d'œuf et l'œuf entier.

4 Faites chauffer le reste du lait dans une petite casserole. Juste avant ébullition, versez peu à peu le lait sur la préparation aux œufs, fouettez pour bien mélanger.

5 Mettez la terrine sur une casserole d'eau chaude, en remuant jusqu'à ce que la crème s'épaississe. Ajoutez le chocolat, remuez pour faire fondre.

6 Versez la crème au chocolat sur les cerises et laissez refroidir. Quand elle est froide, étalez la crème fraîche

dessus en formant des spirales avec le dos d'une cuillère. Mettez au frais avant de décorer.

7 Pour faire les caraques en chocolat, étalez le chocolat noir fondu sur un marbre ou une planche en acrylique. Quand il commence à durcir, passez un couteau à un angle de 45° sous le chocolat. Travaillez rapidement. Mettez les caraques au frais au fur et à mesure de leur fabrication. Attendez qu'elles soient bien fermes pour les employer.

Mousse au champagne

Une merveilleuse mousse parfumée au champagne, servie dans des coupes de génoise au chocolat, constitue ce dessert raffiné. On peut utiliser n'importe quel vin blanc mousseux sec fabriqué selon la méthode champenoise.

Pour 4 personnes

INGRÉDIENTS

GÉNOISE

4 œufs

100 g de sucre en poudre

75 g de farine avec poudre levante incorporée

15 g de cacao en poudre

25 g de beurre, fondu

MOUSSE

1 sachet de gélatine

3 cuil. à soupe d'eau

300 ml de champagne

300 ml de crème fraîche épaisse.

2 blancs d'œuf

75 g de sucre en poudre

DÉCORATION

50 g de chocolat noir à pâtisser

Fraises fraîches

1 Tapissez un moule à gâteau roulé de 37,5 x 25 cm de papier cuisson beurré. Mettez les œufs et le sucre dans une terrine placée sur une casserole d'eau chaude et battez au batteur électrique jusqu'à ce que le mélange soit très épais ; le fouet doit laisser une marque quand on le relève. Tamisez ensemble la farine et le cacao en poudre et incorporez au mélange. Ajoutez le beurre. Versez dans le moule et faites cuire 8 minutes à four préchauffé à 200°C/ th. 6, ou jusqu'à ce que la génoise soit souple au toucher. Laissez refroidir 5 minutes, démoulez et placez

sur une grille pour qu'elle finisse de refroidir. Tapissez 4 petits moules ronds de 10 cm de papier cuisson. Tapissez le fond de cercles de génoise et le tour de bandes de 2,5 cm de haut.

2 Pour faire la mousse, saupoudrez la gélatine sur l'eau et laissez gonfler. Mettez le récipient sur une casserole d'eau chaude et faites dissoudre en remuant. Ajoutez le champagne.

3 Fouettez la crème fraîche jusqu'à ce qu'elle soit ferme. Incorporez-la au mélange gélatine/champagne.

Laissez dans un endroit frais jusqu'à ce qu'il soit sur le point de prendre, en remuant de temps en temps. Battez les blancs en neige ferme, ajoutez le sucre et battez pour que le mélange soit brillant. Incorporez au mélange sur le point de prendre. Versez dans les coupes de génoise : la mousse doit dépasser les bords de la génoise. Mettez au frais 2 heures. Faites des tortillons de chocolat à pâtisser sur du papier cuisson et laissez durcir. Décorez les mousses.

Gâteau congelé au chocolat

C'est dans une couronne de gâteau au chocolat qu'est caché le secret de ce gâteau congelé : une crème glacée au chocolat et à la menthe. Vous pouvez vous servir de crème glacée à l'orange ou au café si vous préférez.

Pour 8 à 10 personnes

INGRÉDIENTS

4 œufs
175 g de sucre en poudre
100 g de farine avec poudre levante
 incorporée

40 g de cacao en poudre
500 ml de crème glacée au chocolat
 et à la menthe

Sauce au chocolat glacée
 (voir page 188)

1 Beurrez légèrement un moule en couronne de 23 cm. Dans une grande terrine, placez les œufs et le sucre. Battez au batteur électrique jusqu'à ce que le mélange soit très épais et que le fouet laisse une marque. Si vous utilisez un fouet à main, placez la terrine sur une casserole d'eau chaude.

2 Tamisez ensemble la farine et le cacao et incorporez au mélange. Versez dans le moule et faites cuire 30 minutes à four préchauffé à 180°C/ th. 4, ou jusqu'à ce que le gâteau soit souple au toucher. Laissez refroidir un peu le gâteau dans le moule, avant de le remettre sur une grille pour qu'il finisse de refroidir.

3 Lavez le moule et tapissez-le de scellofrais® en en laissant dépasser. Coupez environ 1 cm du dessus du gâteau et mettez cet anneau de côté.

4 Remettez le gâteau dans le moule. Évidez le centre avec une cuillère, en laissant des parois d'environ 1 cm d'épaisseur.

5 Sortez la crème glacée du congélateur. Au bout de quelques minutes, battez-la avec une cuillère en bois pour la ramollir. Remplissez le centre du gâteau avec la glace, lissez la surface et replacez le dessus du gâteau.

6 Couvrez en laissant dépasser le scellofrais® et mettez au congélateur au moins 2 heures.

7 Pour servir, renversez le gâteau sur le plat de service et, si vous voulez, arrosez avec un peu de sauce au chocolat en un joli motif. Coupez le gâteau en tranches et servez la sauce séparément.

Tarte à la boue du Mississippi

Un des classiques préférés de tous les fous de chocolat.
La " boue " fait allusion à la riche couche de chocolat, gluante à souhait, de ce gâteau.

Pour 8 à 10 personnes

INGRÉDIENTS

225 g de farine tous usages
25 g de cacao en poudre
150 g de beurre
25 g de sucre en poudre
environ 2 cuil. à soupe d'eau froide

GARNITURE
175 g de beurre
350 g de sucre brun
4 œufs légèrement battus
4 cuil. à soupe de cacao en poudre,
    tamisé
150 g de chocolat noir

300 ml de crème fraîche semi-épaisse
1 cuil. à café d'extrait de chocolat

DÉCORATION
425 ml de crème fraîche épaisse,
    fouettée
tablette de chocolat épaisse

1 Pour faire la pâte à tarte, tamisez la farine et le cacao en poudre dans une terrine. Ajoutez le beurre et pétrissez avec les doigts pour obtenir une masse sableuse. Ajoutez le sucre et suffisamment d'eau pour obtenir une pâte souple. Mettez au frais 15 minutes.

2 Étalez la pâte sur une surface légèrement farinée, puis recouvrez-en un moule haut à fond amovible de 23 cm ou un moule à tarte en céramique. Tapissez de papier aluminium ou de papier cuisson et étalez des grains de haricot secs dessus.

Faites cuire à blanc 15 minutes dans un four préchauffé à 190°C/ th. 5. Enlevez les haricots et le papier et prolongez la cuisson de 10 minutes, jusqu'à ce que la tarte soit ferme.

3 Pour faire la garniture, travaillez le beurre et le sucre dans une terrine, ajoutez les œufs un à un, puis le cacao. Faites fondre le chocolat et ajoutez–le, ainsi que la crème fraîche et l'extrait de chocolat.

4 Versez ce mélange sur le fond de tarte et faites cuire 45 minutes à

four préchauffé à 170°C/ th. 3, ou jusqu'à ce que la garniture soit ferme.

5 Laissez refroidir complètement. Si vous préférez, placez sur le plat de service. Recouvrez de crème fouettée et mettez au frais.

6 Pour faire les petites paillettes de chocolat, servez-vous d'un économe et pelez une tablette de chocolat. Décorez la tarte et mettez au frais.

Tartelettes au chocolat aux fruits

Une pâte à tarte au chocolat décorée de noix et noisettes constitue un fond parfait pour ces savoureuses tartelettes individuelles. Employez des fruits frais ou en conserve, suivant ce que vous trouverez le plus facilement.

Pour 6 personnes

INGRÉDIENTS

250 g de farine tous usages
3 cuil. à soupe de cacao en poudre
150 g de beurre
40 g de sucre en poudre
2 à 3 cuil. à soupe d'eau

50 g de chocolat noir
50 g de mélange de noix, noisettes, amandes, cacahuètes, etc., grillées et hachées.

350 g de fruits préparés
3 cuil. à soupe de confiture d'abricots ou de gelée de groseilles

1 Dans une terrine, tamisez la farine et le cacao en poudre. Coupez le beurre en petits morceaux et pétrissez avec la farine du bout des doigts pour obtenir une masse sableuse.

2 Ajoutez le sucre et suffisamment d'eau, 1 à 2 cuil. à soupe, pour obtenir une pâte souple. Couvrez et mettez au frais 15 minutes.

3 Étalez la pâte sur une surface légèrement farinée et recouvrez six moules à tartelettes de 10 cm. Piquez le fond avec une fourchette et tapissez d'un peu de papier aluminium froissé. Faites cuire 10 minutes à four préchauffé à 190°C/ th. 5.

4 Retirez le papier aluminium et prolongez la cuisson de 5 à 10 minutes, jusqu'à ce que la pâte soit ferme. Posez les moules sur une grille pour laisser les tartelettes refroidir.

5 Faites fondre le chocolat. Étalez le mélange noix/noisettes sur une assiette. Retirez les fonds de tarte des moules. Étalez le chocolat fondu sur les bords et enfoncez-y les noix. Laissez durcir.

6 Disposez les fruits dans les tartelettes. Faites fondre la confiture d'abricots ou la gelée de groseilles avec la cuillerée à soupe d'eau restante et badigeonnez-en les fruits.

Laissez au frais jusqu'au moment de servir.

VARIANTE

Vous pouvez remplir les fonds de tarte d'un peu de crème fouettée sucrée, avant d'y mettre les fruits. Pour une garniture parfumée au chocolat, mélangez 225 g de pâte à tartiner au chocolat et aux noisettes, avec 5 cuillerées à soupe de yaourt épais ou de crème fouettée.

Profiteroles à la crème à la banane

Les profiteroles au chocolat font toujours plaisir. Dans cette recette, elles sont garnies d'une délicieuse crème fraîche aromatisée à la banane – le mélange rêvé !

Pour 4 à 6 personnes

INGRÉDIENTS

PÂTE À CHOUX
150 ml d'eau
60 g de beurre
90 g de farine renforcée tous usages, tamisée
2 œufs

SAUCE AU CHOCOLAT
100 g de chocolat noir cassé en morceaux
2 cuil. à soupe d'eau
50 g de sucre glace
25 g de beurre doux

GARNITURE
300 ml de crème fraîche épaisse
1 banane
25 g de sucre glace
2 cuil. à soupe de liqueur de banane

1 Beurrez légèrement une plaque pour le four et vaporisez un peu d'eau. Pour faire la pâte, mettez l'eau dans une casserole et ajoutez le beurre coupé en petits morceaux, faites fondre à feu doux, puis portez à ébullition et retirez la casserole du feu. Ajoutez la farine d'un seul coup, mélangez bien pour que la pâte se détache des bords et forme une boule. Laissez un peu refroidir, puis ajoutez les œufs un à un, pour obtenir un mélange lisse et brillant. Remplissez une grande poche à douille munie d'un embout uni de 1 cm.

2 Formez environ 18 boules de pâtes sur la plaque, en laissant de la place pour qu'elles gonflent à la cuisson. Faites cuire 15 à 20 minutes à four préchauffé à 220°C/ th. 7, jusqu'à ce qu'elles soient fermes et dorées. Retirez du four et faites une petite fente dans chacune pour que la vapeur s'en échappe. Laissez refroidir sur une grille.

3 Pour faire la sauce, mettez tous les ingrédients dans une terrine résistant à la chaleur, placée sur une casserole d'eau frémissante. Remuez pour bien mélanger et obtenir une sauce lisse.

4 Pour faire la garniture, fouettez la crème fraîche jusqu'à ce qu'elle soit ferme. Écrasez la banane avec le sucre et la liqueur, incorporez à la crème. Remplissez une poche à douille, munie d'un embout uni de 1 cm, et fourrez les profiteroles. Versez la sauce dessus pour servir.

Confiserie & Boissons

Rien n'est aussi agréable que des chocolats et des friandises
faits maison : les boîtes de chocolats industriels
en seront laissées au placard !

Dans ce chapitre vous trouverez des recettes pour satisfaire
le goût de tout le monde : des merveilleuses truffes au
chocolat aux florentins croustillants, des chocolats fourrés
à la crème aux noisettes aux chocolats à la liqueur,
tout y est. Il y a même des recettes de fondant au
chocolat faciles à réaliser, pas besoin de s'embêter
avec les thermomètres à sucre.

Vous voulez une boisson pour accompagner ces friandises ?
Nous avons inclus deux délicieuses boissons au chocolat
rafraîchissantes pour l'été, et pour vous apporter chaleur et
réconfort les soirs d'hiver, deux boissons chaudes à côté
desquelles le chocolat chaud instantané paraîtra dérisoire.
Dégustez !

Bouchées de cailloux

Les jeunes enfants adoreront mâcher ces " cailloux " qui collent à la bouche.
Vous pouvez varier les ingrédients et utiliser différentes sortes de noix ou de fruits secs, selon les goûts.

Pour 18 bouchées

INGRÉDIENTS

125 g de chocolat au lait
50 g de mini-guimauves multicolores

25 g de noix hachées

25 g d'abricots secs, hachés

1 Tapissez une plaque pour le four de papier cuisson.

2 Dans une grande terrine placée sur une casserole d'eau frémissante, faites fondre le chocolat au lait cassé en petits morceaux, remuez.

3 Ajoutez les guimauves, les noix et les abricots et enrobez de chocolat.

4 Mettez de bonnes cuillerées à café de ce mélange sur la plaque.

5 Faites prendre au réfrigérateur.

6 Quand elles sont prises, décollez les bouchées du papier.

7 Ces bonbons qui collent à la bouche peuvent être présentés, si vous le voulez, dans des caissettes en papier.

MON CONSEIL

Les bouchées peuvent être conservées deux semaines dans un endroit frais et sec.

VARIANTE

On peut trouver des guimauves légères et moelleuses de couleur blanche ou pastel. Si vous ne trouvez pas de mini-guimauves, coupez-en de grosses en petits morceaux avec des ciseaux de cuisine, avant de les ajouter au chocolat fondu au point 3.

Fondant facile au chocolat

Ce fondant est le plus facile à faire. Pour lui donner un arôme riche, employez du bon chocolat noir avec une forte teneur en cacao, dans l'idéal au moins 70%.

Pour 25 à 30 morceaux

INGRÉDIENTS

500 g de chocolat noir
75 g de beurre doux

1 boîte de 400 g de lait concentré sucré

½ cuil. à café d'extrait de vanille

1 Beurrez légèrement un moule à gâteau carré de 20 cm.

2 Cassez le chocolat en morceaux et mettez-le dans une grande casserole avec le beurre et le lait concentré.

3 Faites chauffer doucement, en remuant, pour faire fondre le beurre et le chocolat. Ne laissez pas bouillir.

4 Retirez du feu, ajoutez l'extrait de vanille et continuez à remuer quelques minutes, pour que le mélange s'épaississe. Versez dans le moule et lissez la surface.

5 Mettez au réfrigérateur jusqu'à ce que le mélange soit bien ferme.

6 Démoulez sur une planche à découper et coupez en carrés pour servir.

VARIANTE

Pour un fondant au chocolat aux cacahuètes, remplacez 50 g de beurre par du beurre de cacahuètes avec morceaux.

MON CONSEIL

N'utilisez pas de chocolat au lait, le résultat serait trop collant.

MON CONSEIL

Conservez le fondant pendant un mois dans une boîte hermétique, dans un endroit frais et sec. Ne pas congeler.

Fondant au chocolat aux fruits et aux noisettes, sans cuisson

*Chocolat, noisettes et fruits secs, mélange idéal s'il en est,
se retrouvent tous dans ce fondant facile à faire.*

Pour environ 25 morceaux

INGRÉDIENTS

250 g de chocolat noir
25 g de beurre
4 cuil. à soupe de lait concentré sucré

450 g de sucre glace, tamisée
50 g de noisettes grossièrement
  hachées

50 g de raisins de Smyrne.

1 Beurrez légèrement un moule à gâteau carré de 20 cm.

2 Cassez le chocolat en morceaux et placez-le dans une terrine avec le beurre et le lait concentré. Mettez sur une casserole d'eau frémissante, remuez pour faire fondre le beurre et le chocolat et bien mélanger tous les ingrédients.

3 Retirez du feu et ajoutez peu à peu le sucre glace. Ajoutez les noisettes et les raisins. Tassez le fondant dans le moule et lissez la surface. Mettez au réfrigérateur et laissez-l'y jusqu'à ce qu'il soit bien ferme.

4 Démoulez sur une planche à découper et coupez en carrés. Disposez dans des caissettes en papier. Gardez au frais.

MON CONSEIL

Ce fondant peut être conservé deux semaines dans une boîte hermétique.

VARIANTE

*Variez les espèces de noix.
Essayez de faire la recette
avec des amandes, des noix
du Brésil, des noix ou des noix de pecan.*

Grappes de chocolat aux noix

*Des noix et des biscuits secs enrobés de chocolat
composent ces friandises tout à fait irrésistibles !*

Pour environ 30 grappes

INGRÉDIENTS

175 g de chocolat blanc
100 g de biscuits sablés

100 g de noix Macadamia ou de
noix du Brésil, hachées

25 g de gingembre confit, haché
(facultatif)
175 g de chocolat noir

1 Tapissez une plaque pour le four de papier cuisson. Faites fondre le chocolat blanc cassé en morceaux dans une terrine placée au-dessus d'une casserole d'eau frémissante.

2 Cassez les biscuits en petits morceaux et enrobez-les de chocolat, ainsi que les noix ou noisettes hachées et le gingembre confit (si vous en employez).

3 Placez de bonnes cuillerées à café du mélange sur la plaque.

4 Mettez au frais pour faire prendre, puis retirez délicatement du papier.

5 Faites fondre le chocolat noir et laissez un peu refroidir. Plongez les grappes dans le chocolat fondu et laissez s'écouler le surplus dans la terrine. Remettez les grappes sur la plaque et mettez au réfrigérateur jusqu'à ce qu'elles soient prises.

MON CONSEIL

Les grappes peuvent être conservées une semaine dans un endroit frais et sec.

MON CONSEIL

Les noix du Brésil et noix Macadamia sont riches en graisses, c'est pourquoi elles sont beaucoup utilisées en confiserie ; mais vous pouvez les remplacer par d'autres noix ou noisettes.

Cerises au chocolat

*Ces délicieuses friandises à la cerise et à la pâte d'amandes sont simples à réaliser. Servez-les comme des petits fours,
à la fin d'un repas, ou quand vous avez envie d'une petite douceur dans la journée.*

Pour 24 cerises

INGRÉDIENTS

12 cerises confites
2 cuil. à soupe de rhum ou de cognac

250 g de pâte d'amandes
125 g de chocolat noir

un peu plus de chocolat noir, blanc
ou au lait pour décorer (facultatif)

1 Tapissez une plaque pour le four
de papier cuisson.

2 Coupez les cerises en deux et
mettez-les dans une terrine.
Ajoutez le rhum ou le cognac et remuez
pour enrober. Laissez macérer au moins
1 heure en remuant de temps à autre.

3 Divisez la pâte d'amandes en
24 morceaux et roulez-les en
boule. Enfoncez une cerise sur chaque
boule.

4 Cassez le chocolat en morceaux
dans une terrine placée sur une
casserole d'eau chaude. Remuez jusqu'à
ce qu'il soit fondu.

5 Plongez chaque friandise dans le
chocolat fondu, en laissant le
surplus s'écouler dans la terrine. Mettez
les cerises enrobées sur le papier cuisson
et mettez au frais jusqu'à ce que le
chocolat soit dur.

6 Si vous voulez, faites fondre un
peu plus de chocolat et faites-le
couler en filet sur les cerises enrobées.
Laissez durcir.

VARIANTE

*Aplatissez la pâte d'amandes pour
enfermer complètement les cerises,
puis plongez-les dans le chocolat
comme indiqué ci-dessus.*

VARIANTE

*Remplacez la cerise par une amande entière
et omettez le rhum ou cognac.*

Chocolats à la pâte d'amandes

Ces adorables petites bouchées constituent un cadeau idéal,
si vous résistez à l'envie de les manger vous-même !

Pour environ 30 chocolats

INGRÉDIENTS

450 g de pâte d'amandes
25 g de cerises confites, très finement
  hachées

25 g de gingembre confit, très
  finement haché
50 g d'abricots secs, très finement
  hachés

350 g de chocolat noir
25 g de chocolat blanc
sucre glace pour saupoudrer

1 Tapissez une plaque pour le four de papier cuisson. Divisez la pâte d'amandes en trois et pétrissez chaque boule pour la ramollir.

2 Incorporez les cerises confites à une des boules en pétrissant sur une surface saupoudrée d'un peu de sucre glace.

3 Faites la même chose avec le gingembre et une autre boule de pâte d'amandes, puis avec les abricots et la troisième boule.

4 Transformez chaque portion en petites boules, en faisant attention à ne pas mélanger les parfums.

5 Faites fondre le chocolat noir. Prenez une boule de chaque parfum, piquez chaque boule avec un cure-dents ou une petite broche et enrobez-la de chocolat. Laissez le surplus de chocolat s'écouler dans la terrine.

6 Disposez ces trois boules délicatement sur la plaque, pour former une grappe aux trois parfums. Recommencez avec le reste de la pâte d'amandes. Mettez au frais pour faire prendre.

7 Faites fondre le chocolat blanc et arrosez chacune des grappes d'un filet. Mettez au frais jusqu'à ce qu'il soit dur, puis enlevez du papier cuisson et servez saupoudré de sucre.

VARIANTE

Si vous préférez, enrobez les boules de pâte d'amandes avec du chocolat blanc et arrosez de chocolat noir.

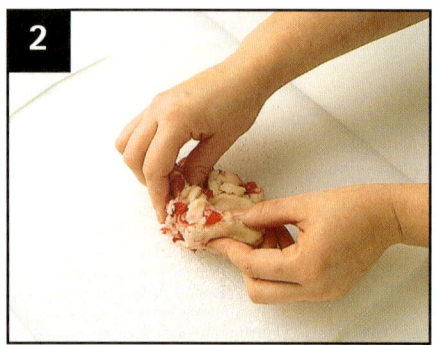

Chocolats à la liqueur

Ces délectables petites coupes en chocolat sont garnies d'un délicieux mélange parfumé à la liqueur.
Elles sont un peu délicates à faire, mais très amusantes ! Aromatisez la crème avec votre liqueur préférée.

Pour 20 chocolats

INGRÉDIENTS

100 g de chocolat noir
environ 5 cerises confites coupées
   en deux
environ 10 noisettes ou noix
   Macadamia

150 ml de crème fraîche épaisse
25 g de sucre glace
4 cuil. à soupe de liqueur

DÉCORATION
50 g de chocolat noir fondu
un peu de chocolat blanc fondu ou
   de copeaux de chocolat blanc (voir
   page 66), ou des cerises et noisettes
   supplémentaires

1 Tapissez une plaque pour le four de papier cuisson. Faites fondre le chocolat et mettez-le dans 20 caissettes en papier pour petits fours, en recouvrant les bords avec une petite cuillère ou un pinceau. Mettez à l'envers sur la plaque et laissez durcir.

2 Enlevez délicatement les caissettes en papier et disposez une cerise ou une noisette dans chaque coupelle.

3 Pour faire la garniture, mettez la crème fraîche dans une terrine, tamisez le sucre glace dessus et fouettez

jusqu'à ce qu'elle soit ferme, puis ajoutez la liqueur.

4 Transférez la crème dans une poche à douille munie d'un embout uni de 1 cm et mettez-en un peu dans chaque coupelle. Mettez au frais 20 minutes.

5 Pour terminer, recouvrez la crème de chocolat noir fondu. Ajoutez le chocolat blanc fondu dessus à l'aide d'une douille et mélangez avec un cure-dents pour faire des motifs. Autrement, vous pouvez recouvrir la crème de chocolat noir fondu et décorer de

copeaux de chocolat blanc avant de faire prendre. Ou encore, mettez un petit morceau de noisette ou de cerise sur la crème et couvrez de chocolat noir.

MON CONSEIL

Les caissettes à petits fours varient en taille.
Pour cette recette, utilisez les plus
petits possibles.

Coupelles de chocolat au mascarpone

*Le mascarpone, fromage italien velouté, est à la base
de la garniture crémeuse de ces délicieux chocolats.*

Pour 20 coupelles

INGRÉDIENTS

100 g de chocolat noir	GARNITURE 100 g de chocolat noir ou au lait 1/4 cuil. à café d'extrait de vanille	200 g de fromage mascarpone cacao en poudre, pour saupoudrer

1 Tapissez une plaque pour le four de papier cuisson. Faites fondre le chocolat et versez-le dans 20 caissettes en papier pour petits fours, en recouvrant les bords avec une petite cuillère ou un pinceau. Mettez à l'envers sur la plaque et laissez durcir.

2 Enlevez délicatement les caissettes en papier.

3 Pour faire la garniture, faites fondre le chocolat noir ou au lait. Mettez le mascarpone dans une terrine, travaillez avec l'extrait de vanille et le chocolat fondu, jusqu'à ce que la préparation soit homogène. Mettez au frais jusqu'à ce que la crème soit assez ferme pour mettre dans une douille.

4 Mettez la garniture au mascarpone dans une poche à douille munie d'un embout cannelé et remplissez les coupelles. Saupoudrez de cacao en poudre pour décorer.

MON CONSEIL

Le mascarpone est un fromage italien riche à base de crème fraîche, il a donc une forte teneur en matières grasses. Son parfum délicat se mélange bien avec l'arôme du chocolat.

VARIANTE

Si vous préférez, vous pouvez remplacer le mascarpone par de la crème fraîche épaisse fouettée.

Mini-cônes en chocolat

Ces chocolats originaux, en forme de cône, ont une forme plus intéressante que les coupelles ordinaires.
Remplis de crème parfumée à la menthe, ils conviennent parfaitement après le dîner.

Pour 10 cônes

INGRÉDIENTS

75 g de chocolat noir
100 ml de crème fraîche épaisse

15 g de sucre glace
1 cuil. à soupe de crème de menthe

Grains de café en chocolat, pour
décorer (facultatif)

1 Coupez 10 ronds de 7,5 cm en papier cuisson. Formez un cône avec chaque rond et attachez avec du papier adhésif.

2 Faites fondre le chocolat. À l'aide d'un pinceau à pâtisserie ou d'un petit pinceau de peintre propre, badigeonnez l'intérieur de chaque cône avec le chocolat fondu.

3 Badigeonnez une deuxième couche à l'intérieur de chaque cône et mettez au frais pour faire durcir. Retirez délicatement les papiers.

4 Mettez la crème fraîche, le sucre glace et la crème de menthe dans une terrine et fouettez jusqu'à ce que la crème commence à s'épaissir.

Transférez dans une poche à douille munie d'un embout cannelé et remplissez les cônes.

5 Mettez la crème fraîche, le sucre glace et la crème de menthe dans une terrine et fouettez jusqu'à ce que la crème commence à s'épaissir. Transférez dans une poche à douille munie d'un embout cannelé et remplissez les cônes.

MON CONSEIL

Les cônes en chocolat peuvent être faits à l'avance ; ils se conservent 1 semaine au réfrigérateur. Ne les remplissez pas plus de 2 heures avant de servir.

VARIANTE

Utilisez des liqueurs différentes pour parfumer la crème : la liqueur de café est parfaite. Si vous voulez un parfum menthe, mais sans employer de liqueur, ajoutez quelques gouttes d'extrait de menthe, selon votre goût.

Collettes

Ces coupelles en chocolat blanc, garnies d'une crème au chocolat noir
parfumée à l'orange, sont un plaisir délicieux.

Pour 20 collettes

INGRÉDIENTS

100 g de chocolat blanc

GARNITURE
150 g de chocolat noir parfumé à
l'orange

150 ml de crème fraîche épaisse
25 g de sucre glace

1 Tapissez une plaque pour le four de papier cuisson. Faites fondre le chocolat et versez-le dans 20 caissettes en papier pour petits fours, en recouvrant les bords avec une petite cuillère ou un pinceau. Mettez à l'envers sur la plaque et laissez durcir.

2 Enlevez délicatement les caissettes.

3 Pour faire la garniture, faites fondre le chocolat parfumé à l'orange et mettez-le dans une terrine avec la crème fraîche et le sucre glace. Mélangez pour que la préparation soit homogène. Mettez au frais jusqu'à ce que la crème soit assez ferme pour décorer, remuez de temps à autre.

4 Transférez la garniture dans une poche à douille munie d'un embout cannelé et mettez-en un peu dans chaque coupelle. Mettez au frais jusqu'au moment de servir.

MON CONSEIL

Pour ces coupelles, utilisez les plus petits caissettes à petits fours que vous trouverez.

MON CONSEIL

Si les caissettes ne gardent pas bien leur forme, mettez-en deux l'une dans l'autre pour servir de moule. Les caissettes en aluminium gardent mieux leur forme que celles en papier, utilisez-les si vous en trouvez.

VARIANTE

Si vous préférez, ajoutez une cuillerée de liqueur à l'orange.

Mini-florentins

Ces biscuits classiques peuvent être servis en dessert, mais ils peuvent aussi faire de remarquables petits fours.
Servez-les à la fin d'un repas avec du café ou disposez-les dans une boîte-cadeau pour offrir.

Pour environ 40 florentins

INGRÉDIENTS

75 g de beurre
75 g de sucre en poudre
25 g de raisins de Smyrne ou raisins
　secs

25 g de cerises confites, hachées
25 g de gingembre confit, haché
25 g de graines de tournesol

100 g d'amandes effilées
2 cuil. à soupe de crème fraîche épaisse
175 g de chocolat noir ou au lait

1 Beurrez et farinez légèrement 2 plaques pour le four ou tapissez de papier cuisson. Faites fondre le beurre dans une petite casserole à feu doux. Ajoutez le sucre et remuez pour dissoudre, puis amenez à ébullition. Retirez du feu et incorporez les raisins, les cerises, le gingembre, les graines de tournesol et les amandes. Mélangez bien et ajoutez la crème fraîche.

2 Disposez de petites cuillerées à café de ce mélange sur la plaque, en prévoyant de la place pour que les biscuits s'étalent. Faites cuire 10 à 12 minutes à four préchauffé à 180°C/ th. 4, ou jusqu'à ce que les biscuits soient légèrement dorés.

3 Retirez du four et, pendant qu'ils sont encore chauds, découpez à l'emporte-pièce pour obtenir des ronds parfaits. Laissez-les refroidir et se raffermir avant de les enlever de la plaque.

4 Faites fondre la plus grande partie du chocolat et étalez-le sur une feuille de papier cuisson. Quand le chocolat est sur le point de prendre, posez les biscuits, face plate en dessous, sur le chocolat et laissez durcir complètement.

5 Retirez les florentins découpés du papier. Recouvrez le côté déjà couvert de chocolat avec d'autre chocolat et faites des lignes ondulées à la fourchette. Laissez durcir. Présentez les florentins sur un plat (ou dans une boîte-cadeau si c'est pour offrir) en alternant côté chocolat, côté fruits.

Mini-tartelettes au chocolat

Ces petits fours sont confectionnés avec de petits fonds de tarte remplis d'une onctueuse crème au chocolat.
Pour faire les fonds, utilisez des petits moules à cake ronds ou de tout petits moules à tartelettes.

Pour 18 mini-tartelettes

INGRÉDIENTS

175 g de farine tous usages
75 g de beurre
15 g de sucre en poudre
environ 1 cuil. à soupe d'eau

GARNITURE
100 g de fromage frais entier
25 g de sucre en poudre
1 petit œuf, légèrement battu
50 g de chocolat noir

DÉCORATION
100 ml de crème fraîche épaisse
Paillettes de chocolat noir (voir
page 214)
Cacao en poudre, pour saupoudrer

1 Tamisez la farine dans une terrine. Coupez le beurre en petits morceaux, mélangez à la farine en pétrissant du bout des doigts pour obtenir une masse sableuse. Ajoutez le sucre, puis assez d'eau pour obtenir une pâte souple, couvrez et mettez 15 minutes au frais.

2 Étalez la pâte sur une surface légèrement farinée et recouvrez 18 petits moules à tartelettes ou à cakes. Piquez le fond avec un cure-dents.

3 Travaillez le fromage frais et le sucre, ajoutez l'œuf. Faites fondre le chocolat et mélangez à la préparation. Versez dans les fonds de tarte et faites cuire 15 minutes à four préchauffé à 190°C/ th. 5, ou jusqu'à ce que la pâte soit ferme et la garniture prise. Mettez les moules sur une grille jusqu'à complet refroidissement.

4 Mettez les tartelettes au frais. Fouettez la crème jusqu'à ce qu'elle soit ferme. Transférez dans une poche à douille munie d'un embout cannelé et faites des rosaces de crème sur les tartelettes. Décorez de copeaux de chocolat et saupoudrez de cacao en poudre.

MON CONSEIL

Les tartelettes peuvent être faites jusqu'à 3 jours à l'avance. Décorez-les le jour où vous les consommez, si possible pas plus de 4 heures à l'avance.

Truffes au rhum

*Les truffes ont toujours du succès. Elles constituent un fabuleux cadeau,
ou bien, servies avec le café, elles concluent parfaitement le repas.*

Pour environ 20 truffes

INGRÉDIENTS

125 g de chocolat noir
une petite noix de beurre
2 cuil. à soupe de rhum

50 g de noix de coco séchée
100 g de miettes de gâteau

75 g de sucre glace
2 cuil. à soupe de cacao en poudre

1 Cassez le chocolat en morceaux et faites fondre avec le beurre dans une terrine placée sur une casserole d'eau frémissante, remuez pour bien mélanger.

2 Retirez du feu et ajoutez le rhum, puis la noix de coco, les miettes de gâteau et 50 g de sucre glace. Mélangez pour obtenir une préparation homogène. Ajoutez encore un peu de rhum si la préparation est trop dure.

3 Roulez en petites boules et mettez-les sur du papier cuisson. Mettez au frais jusqu'à ce qu'elles soient fermes.

4 Tamisez le reste du sucre glace sur une grande assiette. Tamisez le cacao en poudre sur une autre assiette. Roulez la moitié des truffes dans le sucre glace et l'autre moitié dans le cacao pour bien les enrober.

5 Mettez les truffes dans des caissettes en papier et gardez au frais jusqu'au moment de servir.

VARIANTE

Faites les truffes avec du chocolat blanc et remplacez le rhum par de la liqueur de noix de coco ou du lait si vous préférez. Roulez-les dans le cacao ou plongez-les dans du chocolat au lait fondu.

MON CONSEIL

Ces truffes peuvent se conserver 2 semaines dans un endroit frais.

Truffes au chocolat blanc

Ces délicieuses truffes blanches au goût crémeux prouvent qu'il n'y a rien de meilleur que les chocolats faits maison.
Je vous recommande d'acheter le meilleur chocolat possible pour confectionner ces truffes.

Pour environ 20 truffes

INGRÉDIENTS

25 g de beurre doux
75 ml de crème fraîche épaisse

225 g d'excellent chocolat blanc suisse
1 cuil. à soupe de liqueur d'orange
(facultatif)

DÉCORATION
100 g de chocolat blanc

1 Tapissez un moule bas rectangulaire de papier cuisson.

2 Mettez le beurre et la crème fraîche dans une petite casserole et amenez doucement à ébullition, sans cesser de remuer. Laissez bouillir une minute et retirez du feu.

3 Cassez le chocolat en morceaux et ajoutez à la crème. Remuez jusqu'à ce qu'il soit fondu et ajoutez la liqueur, si vous en utilisez.

4 Versez dans le moule et mettez au frais environ 2 heures, jusqu'à ce que le mélange soit ferme.

5 Détachez des morceaux du mélange et roulez-les en boules. Mettez au frais encore 30 minutes avant de terminer les truffes.

6 Pour décorer, faites fondre le chocolat blanc et plongez les boules dedans en laissant le surplus s'égoutter dans la terrine. Déposez sur du papier cuisson et marquez le chocolat avec les dents d'une fourchette. Laissez durcir.

7 Versez un peu de chocolat noir fondu sur les truffes, si vous en avez envie, et laissez prendre. Servez les truffes dans des caissettes en papier.

MON CONSEIL

Pour rouler les truffes en boules, le mélange doit être ferme mais pas trop dur. Si le mélange est trop dur, laissez quelques minutes à température ambiante pour qu'il ramollisse un peu. Quand on forme les boules, le mélange a tendance à coller : laissez-les durcir à nouveau au réfrigérateur avant de les décorer.

MON CONSEIL

Ces chocolats peuvent être conservés 2 semaines au réfrigérateur.

Truffes italiennes au chocolat

Ces petits délices sont aromatisés au chocolat et aux amandes, et ils sont la simplicité même à confectionner. Servis avec le café, ils sont la conclusion idéale d'un repas.

Pour environ 24 truffes

INGRÉDIENTS

175 g de chocolat noir
2 cuil. à soupe de liqueur d'amande
  (amaretto) ou d'orange

40 g de beurre doux
50 g de sucre glace

50 g d'amandes râpées
50 g de chocolat râpé

1 Faites fondre le chocolat noir avec la liqueur, dans une terrine placée sur une casserole d'eau chaude. Remuez pour bien mélanger.

2 Ajoutez le beurre et remuez jusqu'à ce qu'il soit fondu. Ajoutez le sucre glace et les amandes en poudre.

3 Mettez le mélange au frais, jusqu'à ce qu'il soit assez ferme pour le rouler en 24 boules.

4 Mettez le chocolat râpé sur une assiette et roulez les truffes dedans, pour les enrober.

5 Disposez les truffes dans des caissettes en papier et mettez au frais.

MON CONSEIL

Ces truffes se conservent environ deux semaines dans un endroit frais.

VARIANTE

La liqueur d'amandes donne à ces truffes un authentique parfum d'Italie. La liqueur d'amande d'origine, Amaretto di Saronno, provient de Saronno en Italie.

VARIANTE

Pour des truffes encore plus douces, remplacez le chocolat noir par du chocolat au lait. Pour décorer, plongez les truffes dans du chocolat fondu, si vous le désirez.

Boissons chaudes au chocolat

Veloutée, apaisante, une boisson au chocolat chaud le soir
est peut-être juste ce qu'il vous faut pour vous détendre.

Pour 2 personnes

INGRÉDIENTS

CHOCOLAT CHAUD AUX ÉPICES
600 ml de lait
1 cuil. à café d'épices mélangées
   (cannelle, gingembre, muscade,
   clous de girofle)
100 g de chocolat noir
4 bâtons de cannelle

100 ml de crème fraîche épaisse
légèrement fouettée

GROG AU CHOCOLAT ET À L'ORANGE
75 g de chocolat noir parfumé à
   l'orange
600 ml de lait

3 cuil. à soupe de rhum
2 cuil. à soupe de crème fraîche épaisse
noix de muscade râpée

1 Pour faire le chocolat chaud aux épices, versez le lait dans une petite casserole. Saupoudrez avec les épices.

2 Cassez le chocolat noir en carrés et ajoutez au lait. Faites chauffer à feu doux, en arrêtant juste avant ébullition et sans cesser de remuer, pour que le lait ne brûle pas au fond de la casserole.

3 Prenez 2 tasses, mettez un bâton de cannelle dans chacune et versez dessus le chocolat chaud aux épices. Surmontez de crème fraîche fouettée et servez.

4 Pour faire le grog au chocolat et à l'orange, cassez le chocolat noir parfumé à l'orange en carrés et mettez-le avec le lait dans une petite casserole. Faites chauffer à feu doux, sans cesser de remuer, arrêtez juste avant ébullition.

5 Retirez la casserole du feu et ajoutez le rhum. Versez dans les tasses.

6 Mettez la crème fraîche dessus, avec le dos d'une cuillère, ou disposez-la en spirale pour qu'elle reste à la surface de la boisson. Saupoudrez de noix de muscade râpée et servez immédiatement.

MON CONSEIL

Un bâton de cannelle en guise de cuillère donnera à toute boisson chaude au chocolat un parfum de cannelle certain, mais suffisamment doux pour ne pas noyer l'arôme du chocolat.

Boissons fraîches au chocolat

Ces délicieuses boissons estivales sont parfaites
pour combler les fans de chocolat par un beau jour d'été !

Pour 2 personnes

INGRÉDIENTS

MILK-SHAKE AU CHOCOLAT
450 ml de lait frappé
3 cuil. à soupe de chocolat en poudre
3 boules de glace au chocolat
cacao en poudre, pour saupoudrer

SODA À LA GLACE AU CHOCOLAT
5 cuil. à soupe de sauce chocolat
de l'eau de Seltz
2 boules de glace au chocolat

crème fraîche épaisse, fouettée
chocolat noir et au lait, râpé

1 Pour faire le milk-shake au chocolat, mettez la moitié du lait frappé dans un mixeur.

2 Ajoutez le chocolat en poudre et une boule de glace au chocolat. Mélangez jusqu'à ce que le liquide soit mousseux et homogène. Ajoutez le reste du lait.

3 Prenez 2 verres et mettez une des deux boules de glace restante dans chacun des verres. Versez doucement le lait au chocolat sur la glace.

4 Saupoudrez un peu de cacao en poudre (si vous en utilisez)

sur chaque verre et servez immédiatement.

5 Pour faire le soda à la glace au chocolat, partagez la sauce au chocolat entre deux verres. (Vous pouvez utiliser une sauce au chocolat prête à l'emploi, ou bien la sauce au chocolat chaud de la page 160 ou encore la sauce au chocolat glacée de la page 188.)

6 Versez un peu d'eau de Seltz dans chaque verre et remuez pour mélanger l'eau et la sauce. Mettez une boule de glace dans chaque verre et remplissez d'eau de Seltz.

7 Placez une bonne dose de crème fraîche fouettée dessus, si vous aimez, et saupoudrez avec un peu de chocolat au lait ou noir râpé.

MON CONSEIL

Servis dans des verres hauts,
un milk-shake ou un soda à la glace
satisfont à la fois la faim et la soif !
Vous pouvez servir avec une paille.

Index